U0850858

文化之乡
华侨之乡
足球之乡
中国油茶之乡
中国单枞茶之乡
大学校长摇篮之乡
中国围龙屋之乡
中国花灯之乡
…………

这，就是我们的兴宁。
谨以此书献给我的家乡。

跟随习近平

学写字

王导 著

南方日报出版社
NANFANG DAILY PRESS
中国·广州

图书在版编目（CPI）数据

跟倨转兴宁 / 王导著 .—广州：南方日报出版社，2013.7
ISBN 978-7-5491-0814-5

Ⅰ．①跟⋯ Ⅱ．①王⋯ Ⅲ．①兴宁市—概况 Ⅳ．①K926.53

中国版本图书馆 CIP 数据核字（2013）第 067339 号

跟倨转兴宁
GEN YA ZHUAN XINGNING

王导 著

出版发行：南方日报出版社
地　　址：广州市广州大道中 289 号
电　　话：（020）83000502
经　　销：全国新华书店
印　　刷：广州市新怡印务有限公司
开　　本：787×1092 1/16
印　　张：20.25
字　　数：108 千字
版　　次：2013 年 7 月第 1 版
印　　次：2013 年 7 月第 1 次印刷
定　　价：58.00 元

投稿热线：（020）83000503　读者热线：（020）83000502
网址：http://www.nfdailypress.com/

目　录

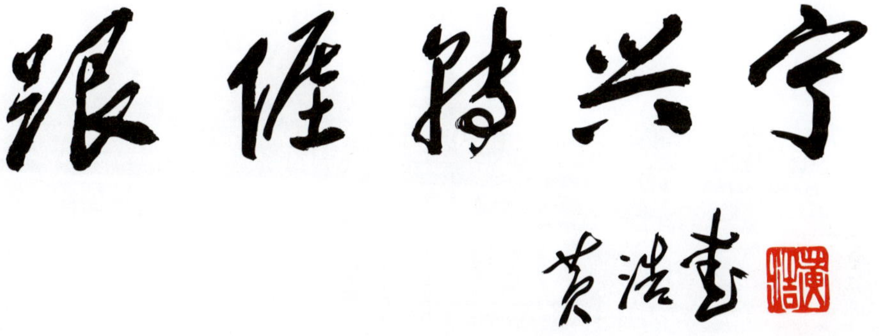

中共广东省委原常委、宣传部长黄浩为本书题写书名。

美丽的围龙屋，我们的家，
如果你已印象朦胧，就请跟我走，一起转兴宁。
（梁家合／摄）

一起转兴宁

兴宁从来不缺美，从来不缺好，只是缺少发现的眼睛，缺少欣赏的心情——请换一个角度去看兴宁吧，不要因为时时拥有就不去珍惜，不要因为从未失去就不再关注。

混迹于繁华闹市也好，游走于山野乡郊也罢，总免不了要与人打交道，三教九流、五湖四海，相逢即是有缘，中国人见面总未能免俗，怕是要给问上一句：你是哪里人？

起初，我答得很笼统：客家人。

这样的回答，自然是没有错的。只是，渐渐地，觉得这个回答似乎不那么准确了。客家人，自先祖从中原几度南迁，几经发展，落脚点很多，江西有，福建有，四川有，台湾也有。即便在广东一省，也处处皆是其聚集之地，韶关有，河源有，惠州有，广州也有。

于是，再答这类问题时，便成了：我老家在梅州。

这样的回答，当然也是没有错的，纯粹就为图个省事。概因这一类的问答，大多发生在初见，作为彼此交往中的一个引子，如同“今天天气不错”，只是寒暄过渡而已，交情尚浅，谁也不会刨根问底。梅州毕竟是地级市，认知度自然更广一些，知道的人也多一些。这样回答，只是想省略在这闲话上的纠缠，可以尽快转入正题。

再后来，便慢慢也觉得不对劲了。我的家乡，是梅州市下辖六县一市一区之一，是梅州代管的县级市，风物景致与其他地方亦有不同。况且，有不少的初识，渐渐地由一面之交而变成挚友良朋，熟络之后，聊至深处，你便再不能敷衍了事，总得从头跟他再细细地说起自己家乡的人和事。

所以，现在再遇有人相问，我便毫不含糊了：我，兴宁人也。

很高兴的是，有很多广东其他县市的朋友，或者久居广东的外地朋友，是很熟悉兴宁的，或者曾经到过兴宁，甚至有些就是兴宁人的女婿或媳妇哩。这样一来，在心理上便亲近了许多，我也正好与他们好好地聊上一聊，都说旁观者清，且听听他们认识和了解的兴宁是个什么模样，谈谈他们对

常回家看看。
（陈燕山／摄）

G25长深高速、G78汕昆高速、G35济广高速，广梅汕铁路、规划中的阜鹰汕快铁，还有近在咫尺的梅县、揭阳机杨，让游子归家更便捷，让宾朋到访更通畅。（林东、王达毅、王科／摄）

兴宁又有什么看法和建议。

当然，也有更多的省外的朋友，甚或国外的朋友，就可能没怎么听说过兴宁了。那也没问题，如果恰好有空闲，大可以向他们普及一下兴宁的地理位置、物产资源、人文自然，也算是为家乡兴宁作一回宣传罢——莫小看了这种随口之劳，倘若兴宁人人都有这一份心，去介绍兴宁，推广兴宁，合力一处，兴许就能为兴宁做成许多事情哩。

有时候与朋友们聊得起劲，可光嘴上说也没用，再怎么说也不能让他们产生实实在在的印象，便生出一腔四海之内皆兄弟的情怀：何不跟我一道回兴宁去看看呢？

朋友们当然欣然应邀，但也不乏疑问：大老远的几百公里之遥，兴宁值得一去吗？

我哈哈一笑：且不说那数不清的围龙屋，且不说那喝不尽的炙老酒，且不说那吃不完的酿豆腐，只说一件——那可是我的家乡，自有浓浓的情意在，你说值不值得去？

“值！值！值！”

那还等什么？跟我走吧，一起转兴宁！

不论居庙堂之高，又或处江湖之远，少小离家，从兴宁出外打拼的人，不在少数。先不提海外和港澳台，就在中国内地，哪一个省份，哪一类行业，哪一个部门，又少得了兴宁人的身影呢？

同样在异乡的兴宁人，见面总少不了互相问上这么一句：有没回去？

这是一句简单得缺少主语和宾语的短语，但是，老乡们彼此间总是心有灵犀，没有哪一个人会产生误会。回去哪里？自然是回家乡，转兴宁！

“哈哈，前几天刚刚转了兴宁！”——这样回答的人，脸上洋溢着快乐和满足，然后便是喜形于色地跟你说起回到老家的种种最新感受和见闻来，说起家乡的空气总是清新的，说起家乡的饭菜总是可口的。末了，总会提醒你：“有空，就经常转兴宁看看吧。”

“唉哟，可有段时间没有转兴宁了。”——这样回答的人，表情带有一丝愧疚，然后便不无懊恼地感叹最近工作如何如何的忙，感叹压力如何如何的大，感叹家乡的景致已经在脑海中慢慢地模糊了。末了，总不忘对自己说一句：“抽空，我一定得转兴宁。”

“这个周末就回，还要带上娃儿一起转兴宁！”——这样回答的人，眼中总是饱含期待，然后便深有感触地担心自己的孩子都没能学会说家乡话了，担心自己的孩子以后会变得不是兴宁人了。末了，总会带上一句：“这就回去，让这兴宁的娃儿知道他的根，他的血脉到底在哪里。”

——树高千丈，叶落归根。不管你是已经身居高位，还是暂时在底层徘徊，也不论你是富甲天下，还是目前一贫如洗，老家兴宁，对于走出去的每一个人，都是同样的守候，同样的祝福。而我们，又何曾忘却过自己的家乡，忘却过自己的根本？

你放眼天下，纵情名山大川，但看见家乡的一草一木、秀美山水，足可撩拨起你思乡的情怀，如同在梦里重回孩提时光；

你云游四方，遍尝珍馐美馔，但只有那一角酿豆腐，一碗艾煮蛋，或许才是你想一再重温的最熟悉最地道的味道；

你勇往直前，怀抱万丈雄心，但只需听到一句乡音、一曲山歌，便能将你的百炼钢化成绕指柔，触动你内心最柔弱之处；

…………

那还迟疑什么？跟我走吧，一起转兴宁！

兴宁的人居环境，
已经跟大都市没什么两样了。
（王科／摄）

日新月异的城市，会否让久未回乡的游子迷了路？
（谢育祥／摄）

打小的玩伴，一起上学的同窗，很多人出门在外、开拓事业，但更多的人还是选择留在了兴宁。对于坚守在这片土地上奋斗和耕耘的人来说，兴宁，似乎实在没有什么值得去赞美和咏叹的。怎么说呢，神光山嘛，太矮；宁江河呢，太短；资源既谈不上丰富，经济又不算发达……

不单觉得没什么可说的，甚至对某些兴宁的事情，又或某些兴宁人自身的劣处，平生出颇多的牢骚和感慨来。

这不奇怪，入兰芝之室，久而不闻其香。如果你一直学习、工作、生活都在兴宁，整日价面对着兴宁的景致和人事，久而久之，便也不觉其美，不觉其好了；况且，兴宁亦确有不尽人意之处，责之怨之，都很自然。但我相信，这无非都是爱之弥深、责之弥切的表现——如果有人真的不爱自己的家乡兴宁，又有谁愿意多费口舌去抱怨呢？

其实兴宁人都在心里爱着兴宁，只不过以另一种方式在表达——他们自己可以对兴宁大加责备，甚至破口大骂，但决不允许外人来说三道四——不信，你到各大网络论坛看看，倘是别的县市的人对兴宁稍有微词，他们肯定是头一个站出来反驳的。恨有几分，爱就有几分，信然。

而我，从大学开始，便离开了兴宁，晃晃荡荡的，不觉就是二十年。时间愈是久远，愈是懂得去欣赏家乡兴宁的美好。诚然，兴宁确实有这样那样的不足，确实有如此这般的难言之处——并不是我不了解情况，也不是我选择性的视而不见，但穿南走北得越多，我越是知道，这样的不好那般的不如意，不独兴宁有，其他地方也有，不好的地方当然要改变，但改变不仅需要时间，更需要很多人的不懈努力，一味地谩骂和责备并不能解决问题——相反地，兴宁美的一面，好的一面，吸引人的一面，却恰恰又因为我离得相对比较远，而看得更加纯粹，看得更加真切。当你用事物的一体两面去平和看待兴宁的时候，这样的心态才会更加地成熟，也更有利于去将我们的家乡改变得更加美丽。

从这个意义上来说，我是取巧的，专拣容易的活来做。兴宁这样那样的不足之处，需要有人去改善；兴宁的建设和发展，需要有人去努力。这是一付重担，是需要持之以恒的，是需要长期付出的。这些，都诚恳拜托有担当有能力的你们，我的千千万万的家乡人，去默默辛苦地奉献，去踏踏实实地建设；而我，且偷个懒，做件力所能逮的轻松活儿，用我的笔，用我的镜头，向我的亲人，向我的朋友，诉说兴宁的美，兴宁的好，兴宁的无穷魅力。

我充其量算是一个未名的文化人，下笔亦很随意，想到什么就写下什么，有些人我只轻描淡写，有些事我也浅尝辄止，流露的都是对兴宁的真情实感；我的相机并不专业，镜头中也不刻意去捕捉，看到什么就拍下什么，有些景浑然天成，有些物沧海桑田，凭的都是一颗热爱家乡的赤诚之心。

是的，兴宁从来不缺美，从来不缺好，只是缺少发现的眼睛，缺少欣赏的心情——请换一个角度去看兴宁吧，不要因为时时拥有就不去珍惜，不要因为从未失去就不再关注。

请暂时忘记你生活中的一地鸡毛，请拨开挡在你眼前的那一片障目之叶，用诚意，用一颗赤子之心，再一次从内心回兴宁去，去发现不一样的兴宁，去发现兴宁的美，去感觉兴宁的好。

请别再犹豫，跟我走吧，一起转兴宁！

回家的路。
（谢绍胜／摄）

兴宁自古为商业重地，
但以读书为高的思想更深深镌刻在兴宁人的内心深处，
儒与商的两种思维和价值体系，共同影响和作用于兴宁人。
（王导／摄）

“丑陋”的兴宁人

一群勇闯敢钻的兴宁人，一群能言善干的兴宁人，现在又是一群懂得了互相补台的兴宁人，懂得了共赢互助的兴宁人，能够迸发出多强大的能量？

“**有**海水的地方，就有客家人”，这句话让客家人常常引以为傲。话中的“海水”当然是虚指，指代任何地方、处处在在。这句话究竟源自何人之口，又始于何时，已不得而知；但可当真是说得一点不错：既是写实，言客家人分布范围之广、遍及世界每一个角落；更充满壮志豪情，分明就是对客家人不断开拓锐意进取的精神的最高表彰。

而兴宁人，又是众多客家人当中，将这种精神特质发挥得最淋漓尽致的一群人，由于这种特质在兴宁人身上体现得太过鲜明，落在邻近市县的人眼里，便有了这么一个说法：兴宁人，最会“钻”。

“钻”可以有很多含义，“钻探”？“钻研”？“钻营”？“钻空子”？——在别人口中说出来的这一个“钻”字，其实饱含了说不清道不明的复杂心情，既有对兴宁人勤于“钻”而抢走了本该属于他们的好处的颇多微辞，又有对兴宁人善于“钻”而创造无数机会的由衷敬佩，因此他们在说这话的时候，语气中或有不屑，内心深处却大多数是心悦诚服的，这种矛盾心情延伸到做事情的实质层面，就使得他们既害怕与兴宁人打交道，却又不得不与兴宁人共同合作。主观上想躲，客观上又离不开，剪不断理还乱。

不管别人究竟是怎么想，他们用来评价兴宁人的“钻”，我总是愿意当作褒义词来看的。因为在寻找新大陆获取新资讯方面，兴宁人有着天生的本领。只要哪里有商机，只要哪个行当有发展潜力，自然少不了兴宁人的身影，而且，快人一步，最先到达那个地方的，最先涉足那个行业的，往往也就是兴宁人。

兴宁人素有从商的传统，既是坐商更是行商。兴宁很早就成为粤赣闽三省的商贸交易集散地，兴宁人除了在本地经商，更主动走出去，先是赣南、粤东，再是湘桂闽浙，再是珠三角深港澳，只要有钱赚，只要有利润，就有兴宁人的踪迹。时至今日，几乎在珠三角任意一个城市的不同类型的专业市场里，甚至远在东北西北的大型集市里，你都能听到兴宁人的声音。“无兴不成市”，已从以前有些许夸张的形容变成了如今明摆着的现实——做生意干事情求发展，兴宁人凭的是嗅觉灵敏，能“钻”善“钻”。

兴宁人的这股子“钻”劲到底从何而来？这大概是血液里就有的一种传承吧。

如同大多数客家人一样，兴宁人的先祖，自两晋时期，即由山西河南一带的中原南迁，分批渐次辗转来到兴宁。经过一番战天斗地，终于在穷山恶水之中谋得一席生存之地。由客居而成了主人，按理说该安定下来了吧，却偏偏有一批又一批的人，不甘苟安于大山之中，还要继续探寻，冀图在更大的天地中一展身手。于是，不论是业已富庶的珠三角长三角，还是尚未开化的偏僻一隅，都能成为兴宁人的目的地，甚或远涉重洋，在东南亚，在欧洲，在美洲，在非洲，在世界的各个角落都留下了星星之火，渐成燎原之势。

为什么历经千难万苦，好不容易在兴宁立足，还要不安现状，迫不及待地走出去？我猜测这或许源自兴宁人先祖的一种强烈的意念。

要知道客家人的南迁，并不是主动选择，若非是躲避战乱，便是政治的原因。兴宁人的祖上，在尚未南下之时，或入仕，或从商，本就是中原一带最优秀的精英族群，有着良好的教育，有放眼天下的抱负。无奈却因现实的种种原因不能实现理想，反而被迫来到兴宁这个当时的蛮荒之地，空有一身本事而无处可用，心里肯定充满着无奈与不甘。因此，一边着眼现实，从一无所有中建设新的家园，一边无时不刻不在谋求更大的空间来施展自己的才干。这种想法，眼看在自己这一代是不能实现了，就通过言

由于商贸发达，
兴宁人的性格中就有了敢闯善钻、锐意进取的特征。
（王科／摄）

传身教，通过文载史记，把这种希冀留给下一代；下一代时机仍然不成熟，便又留到再下一代。这种强烈的意念，渐渐地积淀成为一种意志，一种精神基因，一代一代地传了下来，如同一粒沉寂的种子，一旦有适合的环境，便会落地生根、开花结果。

这种的性格基因和精神气质，客家人大多都有，兴宁人尤甚。于是，不怕苦，敢折腾，给点阳光就灿烂。

兴宁人身上既有客家人的普遍特征，又有很独特的一面。一堆客家人聚集在一起，你只需远远地观察，即使听不到他们说话的口音，你也能够很容易地从气质神态的细微之处把兴宁人给分辨出来。这种独特性，是一把双刃剑，既是兴宁人的长处，也常常给兴宁人带来困扰。

关于梅州市辖下几个地方的客家人，还有流传甚广的一句："梅县人写得，五华人打得，兴宁人讲得"。这话大概的意思是梅县人温文尔雅，遇事常诉诸文书官司，擅以笔头功夫了结事情；五华人有"硬打硬"的打铁精神，比较实在，埋头苦干，当然动辄也以拳头解决问题；而兴宁人，嘴上功夫是最厉害的，旁征博引、巧舌如簧，只差把树上的鸟儿引下来了——这句话，算是多少概括了三个地方客家人的某些典型特征，但倘以孔夫子的"敏于行而讷于言"来作标准，很明显地，确实可算是对兴宁人有些贬义的意思在里边了。

我得承认兴宁人确实是"讲得"，这与兴宁历史上商贸发达，从商者众也是有关系的。一件货物，要想卖出去，总要变着法子说得好听；一桩生意，要想做得成，总会绕着弯子说得漂亮。这原本不是什么错，而是一

兴宁围龙屋里处处可见的壁画、匾额、对联，
可略见兴宁人代代相传修德行、建功业的儒家风骨。
（王导／摄）

种本事——一个出色的外交官不也就凭的是这种本事吗？但这种本领有时又确确实实是被兴宁人用得太习惯了，习惯得过了头，用得太多、太滥了，结果是不分场合不分轻重，时时处处都要即兴发挥一下——常常见到几个兴宁人坐在一起，随便一件芝麻绿豆的小事，也能胡吹海侃、眉飞色舞，说到兴奋处，喜怒形于色，言过其实，添油加醋，也不少见；至于将一件本来难于开口的事说得玲珑八面，滴水不漏，更是兴宁人擅长之处，见机行事、遇风转舵，人情世故的场面话更是一句不拉——兴宁人自己打小就活在这种语言环境中，早就练就了护体神功，听人说话，究竟该听到几分，该相信几成，哪些是板上钉钉没得商量，哪些只是模糊辞令可进可退，心里明镜似的清楚得很——而落到别的地方的人眼中，他们是闹不清兴宁人话语里头的云山雾罩的，他们只觉得兴宁人太会说话，逢人说人话，见鬼讲鬼话，便自然而然的，对兴宁人落了个不太好的印象。

很无辜地，就因为兴宁人给别人留下的印象是太“讲得”了，在这种表象的掩盖之下，往往便忽略了一个事实，这个事实就是：兴宁人既“讲”得，也“写”得，更“打”得。

一个外地人，如果只听兴宁人互相聊天吹牛，便会觉得兴宁人非常浮夸，务虚而不实际；不过，但凡跟兴宁人真正共过事，或是共同合作过的，他便会对兴宁人刮目相看。兴宁人做事的那种踏实的劲儿，那种捱苦的劲儿，那种坚忍的劲儿，绝不是那种“光说不练”的主。兴宁人既能说，也能写，更能做，说起来如诸葛亮舌战群儒天下无敌，做起来像愚公般踏踏实实一步一个脚印，侃大山的时候那种夸夸其谈，与做事情时候的沉寂刻苦，在兴宁人身上，达到了矛盾的统一。

而且，兴宁人看似不着边际的聊天，除了能润滑人际关系，增进感情之外，往往还有更大的功用。他们说起某件事来，在东拉西扯中，看似天花乱坠，东一锤子西一棒的，其实你用心去仔细听一听，他们的一问一答，一唱一和，逻辑性是非常强的，一茬接一茬，一环扣一环，充满了奇幻的想象力以及大胆假设小心求证。很多生意，或者项目，往往就在那些看似虚无飘渺的吹牛闲谈之中，兴宁人敏锐地找到了其中的可取之处，在那海阔天空的平常聊天中，兴宁人快捷地捕捉到有用的信息。

一个话题聊完，你还懵懵懂懂，只当是又得浮生半日闲，无聊打发了时间，全然不当一回事，兴宁人却已先知先觉，接着就是身体力行，摸着石头过河；当你还在回味和感叹兴宁人确实“讲得”的时候，兴宁人却已经在暗地里又“写”又“打”了。

兴宁人身上，不可避免地当然会有一些不太好的地方。柏杨在《丑陋的中国人》中提到的中国人的种种劣根性，兴宁人不但有，还体现得很是彻底呢。

但兴宁人身上仿佛又天生有着两面性，在某一方面呈现出性格上的缺陷，却总有另一种优秀品质与之对应，得到了中和。比如前文提到的虚玄的说话方式的和踏实的做事作风，又比如生意场中锱铢必较的小肚鸡肠与对朋友热情大方的好客情怀，这些在兴宁人身上呈现出来的矛盾性格，实在太多太多。

我仔细思量，兴宁人身上有着这样那样对立的双重习性，其实是受到兴宁两大传统的影响。其一就是兴宁悠久的商贸历史，另一就是唯有读书高的崇文重教的传统。儒与商，这本来界线清晰的两股力量，在兴宁这片土地上最大程度的融合交汇在一起，同时作用在兴宁人身上，你中有我，

南宋末年，文天祥在兴宁西郊一带组织抗元，
手书“忠孝廉节”四个大字。
（兴宁市旅游局供图）

我中有你，再难分开彼此。商人的狡黠与文人的清高，商人的变通与文人的固守，不仅儒与商在一刻不停地交锋、纠缠，就算在各自阵营里面，儒有大儒，也有腐儒；商有义商，也有奸商。如此种种，就像不同流派的内力，有阴有阳，有正有邪，全都贯注到了兴宁人的体内，深刻地影响着兴宁人的思想体系。

自小在这样复杂的思维环境中长大的兴宁人，便熏陶得个个都成了人精。

外出谋生的兴宁人，基本上都能混得不错。看看在省城广州，看看在特区深圳，又有哪个政府部门少得了兴宁人？又有哪个公司企业没有兴宁人的地位？肯吃苦又不蛮干，有闯劲又有谋略，这样的兴宁人，有哪个领导或是老板不需要不喜欢不倚仗呢——而不少有能力的兴宁人，在一个单位中，往往是升职加薪最快的，很快便能从低层而中层，由中层而高层，也许用不了多久，自己也就成了领导或是老板了。

反观在兴宁本地，在过去的很长一段时间里，兴宁人的本事却总是发挥不出来。这或许就是因为兴宁的能人实在太多，心眼也实在太多，你想带头干一件事，刚刚构思好规划好，没等你安排实施，其他的人早已心中有本帐，如同“精算师”一般，已将方方面面计算得清清楚楚，你有什么利益，我有什么损失，是你赚了，还是我亏了，都精确到了小数点后几位了。这样一来，便互相掣肘，捆手绑脚，让你有劲也使不出来——就像兴宁人最喜欢的打麻将，看着上家，防着下家，把时间和精力都耗尽了，最后，你的事，干不成，我的事，也干不成，这一圈，谁也别想和了。

说到底，以往的兴宁人还是局限了。人是聪明人，可惜的是站得不高，看得不远，欠缺了高度，欠缺了视野，欠缺了一个大局观。聪明人都憋在同一个地方，互相拆台，聪明也就只是小聪明而已——人人都自认不比别人差，人人也自认不比别人蠢，人人都不认同别人，人人都看不得别人好。

要集合大家共同做一件事情，实在是一件困难的事，不合作不捣乱就算是好的了。更为糟糕的是，还时不时会有人跳出来暗中使个绊子、放支冷箭。既如此，兴宁的很多事，也便耽搁了，兴宁的很多机遇，也便错过了。

幸好，这些年来，这种情况正在悄悄地发生改变，小家子气逐渐从兴宁人身上艰难地一点一滴地去除，坐井观天的事也就越来越少。究其原因，除了是因为屡屡碰壁之后的痛定思痛，也得益于这个飞速发展的开放时代。越来越多的兴宁人能够通过走出去游历学习，或是通过媒体网络，认识了世界，也反思了自己。

看得多了，视野广了，心胸宽了，也就渐渐懂得了天外有天，渐渐懂得了各司其职通力合作，渐渐抛弃了窝里横的小聪明，渐渐地有了沟通配合的大智慧。所以，最近的这些年，每次回到兴宁，都能感觉到兴宁不同于过往的城市建设，感觉到日益改善的人文环境，甚至具体到每一个行走在街头的普通人的精气神，都在发生着悄然的变化，更为自信，更为开放，更为从容。

兴宁人，终于在商与儒之间，找到了一个最佳的平衡点。如同磨炼多年的一代高手宗师，终于可以将原先充斥在体内不受控制的各股内力，完全化解消融，使之和谐共存，为我所用。

一群勇闯敢钻的兴宁人，一群能言善干的兴宁人，现在又是一群懂得了互相补台的兴宁人，懂得了共赢互助的兴宁人，能够迸发出多强大的能量？一群不再醉心于内耗的兴宁人，一群目光朝前的兴宁人，足以让人有理由去展望一下兴宁的未来。

不再“丑陋”的兴宁人，日益大气的兴宁人，能够将兴宁建设和发展成一个什么模样？又会将兴宁带向何方？提升到什么样的高度？

我很期待，也很乐观。

兴宁的城市气质正在悄然变化，
务实、大气、沉稳，向“大兴宁”迈进。
（林东/摄）

再见，“小南京”

请挥一挥手，向“小南京”告别吧，然后继续前行，去开创一个属于我们这个时代的“大兴宁”的崭新格局。

兴宁古城墙始建于明成化三年（1467 年），
历经 500 多年，无声地印证着“小南京”
在历史中曾经的赫赫名气。
（张永林、王科 / 摄）

兴宁，历史上曾有“小南京”之誉。

自打启蒙之初，便知道自己的家乡有这么一个名号，只不过在当时并不觉得这个名号究竟有什么值得夸耀之处。依照当时的见识，大抵从心底里神往的，只有首都北京、省城广州，以及繁华的香港等少数几个大都市。南京，在小孩儿的脑海中，并不算什么了不起的城市，更何况还是一个“小”的南京。

待年岁稍长，接触各类典籍，才知道这“小南京” 在当年的分量。

史载：兴宁自古即为商贸之乡，兴宁小手工业起于明代，纺织、采矿、烧制石灰、铁木器、酿酒、制革等渐成规模，由此促进了商业的发展和城市的建设。自明代起，江西省与兴宁之间的商贸活动就日益活跃，兴宁城中以其货物丰富，商业繁盛，被称为“小南京”。随着兴宁商贸的进一步发展，以及兴宁行商的四处流转，“小南京”这一誉称又逐渐传至闽西南、粤东北、湘南一带，益发名闻于世。

这段史实，透露了不少信息：

其一，“小南京”之号，自明代即有，而明朝的南京，正是十里秦淮、金陵帝都，是明代政治经济文化和商业中心，是放眼华夏九州最为奢华热闹之处。兴宁竟能荣膺“小南京”的名头，以此推断，当时的兴宁，虽不至摩肩接踵，汗雨袖云，然交易之兴旺、往来之频密，可见一斑矣。

其二，“小南京”并非兴宁人自诩，而出自外地商贾们之口，更显客观公正，实至名归。这些商贩走南闯北，什么城市没走过？什么集市没见过？若非其时兴宁是真正的繁荣昌盛，决不会当此美誉。况且，这种赞誉，由赣南而至江西全境，由粤东而至闽湘，已成共识。

其三，“小南京”之称，自明代起，至有清一代，至民国，直至改革开放，长达几百年的时间里，延绵长久，兴宁的商贸集市可谓得万千宠爱、长盛不衰。也即是说，兴宁在粤赣闽地缘经济圈中，曾经在过去相当长的一段时期里，一直是处于龙头地位的商贸集散地，是不折不扣的区域性商业经济核心城市。

…………

即使在20世纪八九十年代，兴宁的区位优势和商贸传统仍然保证了“小南京”风采的延续，而且当时的兴宁轻工业也是风生水起，口得福牌味精、八宝惊风散、人参卫生丸、木雕、竹编……多少名扬一时的名牌产品，都是我们这一代兴宁人中美妙的记忆。

请原谅我的啰嗦，我不厌其烦地考证，无非是想增加大家对兴宁这段历史的认知和了解，而不至于妄自菲薄，小瞧了自己——但这与阿Q一味沉浸于“我祖上比你阔多了”而不能自拔的精神胜利法却完全不同——我，以及我的同乡们，清楚地知道，兴宁曾经的辉煌的光环业已黯淡失色，曾经的历史地位也已日渐旁落，曾经的各种优势亦不复存在——重提“小南京”，决不是沉醉于过去，而是要记取历史、认清现状、再创未来，换言之，就是时时给自己警醒：“知耻而后勇”。

“**小**南京”的得来，一半是因为在以前生产力相对低下的特定历史条件下，兴宁手工业的发达而导致了商贸的发展，另一半是因为兴宁地理位置的优越。兴宁地处粤赣闽三省交界，是联接这一区域与沿海互通的必经之路，且兴宁有着这个以丘陵地带为主的广阔区域中最大的一块平原之地，既宜耕作，也宜聚居，因此可以令到农、工、商相互促进，在自然条件恶

兴宁市政府首期修复的拱辰门及其城墙138米，
最大限度地保留了明代风格，厚重古朴。
（陈科／摄）

劣和交通不便的古代及近代，当然得天独厚，领一时之风骚。

如今，受到集约化的现代工业流水线的冲击，辉煌一时的兴宁手工业日渐没落；而日新月异的轨道交通和高速路网的建设，更是将兴宁置于一个相当尴尬的境地——粤闽赣原先恶劣的交通环境，如今已是“一桥飞架南北”、“天堑变通途”，各地往来几乎都可以朝发夕至，兴宁这个以往必经的中转站，就无形中被边缘化了——从一个不可或缺的集散中心弱化为一个可有可无的偶经之地，兴宁的地缘优势转瞬间便化为乌有。

面对这翻天覆地的历史大变局，兴宁没有察觉，或者准确地说，也曾感受到了时代的变化，但是笼罩着“小南京”光环，求稳不思变地心存侥幸，让兴宁人的脚步迟疑了，可以主动迎接变局的最好的时机也随之错过了。在历史的大潮涌来之际，生长在这方水土的人们，仍然困守在过往历史的惯性思维之下，迷恋于“小南京”这个虚名营造的幻境中，而没有搭上大时代大变革的快车，并作出因应时势的及时调整——别人已然提速，兴宁却不进则退，外面的变化越来越快，兴宁就失落得越来越彻底——时至今日，我们不得不承认，兴宁在风起云涌的新时期的起跑线上就已经慢了整整一拍——虽然这结论令人很难接受，但勇敢而坦然地正视现实，从来都是亡羊补牢、再次赶超的开始。

怎么办？甘于现状，破罐子破摔吗？等、靠、要吗？不，这显然不是兴宁这座城市的性格，也决非好强的兴宁人所情愿——既然起跑落后了，只能奋力追赶，才不枉人生一回；既然荣耀不再了，唯有从头再来，才不愧对历史。

那么，请跟“小南京”说声再见吧。在这样一个全球一体的年代，固有的格局和观念已经完全被打破，既然依赖个体手工业和商贸区域优势而

会展中心，是目前兴宁的地标性建筑。
随着兴宁南部新城的建设，
我们无疑会对未来兴宁有着更大的期待。
（林东/摄）

成的“小南京”已经风光不再，兴宁人就不应该再恋旧，也再不必去苦苦经营希冀重现“小南京”的辉煌。请挥一挥手，向“小南京”告别吧，然后继续前行，去开创一个属于我们这个时代的“大兴宁”的崭新格局。

“**大**兴宁”的提法，是相对“小南京”而言，这是一个并不十分成熟的概念，才疏学浅如我，能力自不足以再作更深入的研究和调研。我只浮在表象，略有所想，本是浅薄之言，不应拿来现丑，然对于家乡，既心存赤诚，又何作他想？便不以为羞耻，权作抛砖引玉，倘有幸能引起众多有识之士的关注，齐来补充细化，形成民间共识，甚或官方指引，那才是功德无量、善莫大焉。

何谓“大兴宁”？就是不固守“小南京”时的小买小卖和小富即安，要敢于亮出大气魄，要勤于学习新思维。这一点，首先要求的就是兴宁的决策者，要广开言路，根据实际，着眼长远，充分论证，多立能成为发展引擎的大项目，多立对民生有深远影响的长项目，不着急一时之得失，看得准、做得大、守得住。

何谓“大兴宁”？就是有别于“小南京”时的个体营商和单打独斗，要动员和集合起所有兴宁人和兴宁的朋友们的力量。正所谓众人拾柴火焰高，这一点，就是要求所有的兴宁人都自觉参与，形成共识。让留守在兴宁的和在外拼博的兴宁人形成联动，劲往一处使，力往一处用，联合做大事，配合成大事。

何谓“大兴宁”？就是要摒弃“小南京”时的简单复制和被动跟随，就要开动脑筋，启迪智慧，拿出独到的创新精神，要使兴宁这个城市有着

“团结、图强、崇文、务实”，
或许就是挥别“小南京”、迈向“大兴宁”的不二法门。
（王科／摄）

带着昔日辉煌的记忆，兴宁的工业再次起步。
（林焕权、黄佑鹏/摄）

自己的文化内核和独特风骨，要使兴宁的建设发展思路有自己原创精神和特色道路，不机械模仿，不盲听盲从，要主动去提炼和倡导兴宁人独特的精神内涵和人文精神，树立一座城市的全新形象。

…………

至于“大兴宁”究竟要包含什么内容，如何有序建设，经济以什么为支柱，文化以什么为核心，这是需要城市发展专家、经济学者和社会学家的严谨论证和研究，需要一线领导的果断决策和政府各部门的倡议引导。

但开创“大兴宁”的新气象，决不单单是专家学者的事，也决不单单是领导和决策者的事，这与每一个兴宁人息息相关，荣辱与共，无论你身在兴宁，还是客居外乡。

首要的，是人人都能有一个“大兴宁”的概念，人人心中都能为“大兴宁”去开拓思路，集思广益。坚守在兴宁的，尽管你肯定对兴宁的不尽人意之处有怨言和不顺眼，但也请暂且放下偏见，去平心静气地想一想，把兴宁的过去、现在和未来作纵的比对，把兴宁与其他地区作横的比较，不人云亦云，用你冷静的思考，去作出独立的判断；在外地的，利用你见识多人脉广的优势，结合兴宁的实际和现状，以及所能迸发的潜力，分析一下什么是适合兴宁的，什么是不适合兴宁的——确实，我们的意见和建言，不一定会被采纳，但每个兴宁人，如果真的发自内心希望家乡发展好，就一定要有这种匹夫有责的使命感——这样的使命感，就是“大兴宁”的基础和原动力——“大兴宁”，不是因为谁的一句话，或是谁的一道指令，就能形成的，而是需要我们这辈人共同努力的，是需要我们这辈人摸索和奋斗的。

其次，是做好自己的本分，树立兴宁人的正面的个体形象，进而凝聚成兴宁正能量的整体形象。无论为政、从商、打工、在学……在不同的环境，不同的阶层，不同的行业，做好自己的角色，从言谈举止，到待人接物，到干活做事，在细节中做好自己，把兴宁人的优点放大，把兴宁人的缺点收小，让所有与兴宁人共事的人，与兴宁人交往的人，与兴宁人合作的人，都能看到兴宁人的热情诚信，兴宁人的崇文重教，兴宁人的团结图强，兴宁人的勤奋努力。如此一来，便无形中自觉地树起了“大兴宁”的一种人文内涵，一面精神旗帜，进而让外部世界对兴宁和兴宁人产生一致的认同，形成良性循环。让外来的资金愿意来兴宁投资，让各地的客商争着和兴宁人做生意，让各方人士主动和兴宁人交朋友，让老板乐意给机会给兴宁人，让领导放心让兴宁人办事。

再者，每一个兴宁人，都可以做些力所能及的事。在兴宁的，先从精神上提起劲儿来，从细节做起，多看多听多学习，逐渐改变自己提升自己，对于兴宁，多些包容，少些指责，对于兴宁的事，多些参与，少些麻木。这些事，不一定非得是大处入手，也不妨从小事做起，比如多注重一下卫生环境，多培养一点交通意识，这些看似微不足道的力量，天长日久，便可看到坚持的成效，从而令到兴宁人的素质从量变而质变。在外地的，可以多点向不了解兴宁的人介绍兴宁宣传兴宁，到了节假日，方便的话可以分批邀请些同事朋友回兴宁来作客，让朋友们领略兴宁的山水，尝尝兴宁的美食，尽尽地主之谊，既增加彼此感情，在玩得开心之余，也让朋友们对兴宁的人文、历史、现状、景致、环境等等有更深的认识。这样做好处多多，往大里说，也许就给朋友们留下了好印象，一来二去，以后真的碰着什么机会，首先就想到了兴宁；往小里说，朋友们在兴宁期间，多作消费，返程的时候，捎带上一些兴宁家乡特产，也可以小小的促进兴宁的经济——

切莫小看这些不显眼的小小举动，积少成多，聚沙成塔，一点一滴，慢慢地也就汇流成河。

…………

这就是我心目中的“大兴宁”的雏形，当然，这都是没有具体内容的大而空的设想，这都是一介书生坐而论道的理想。要真正实现这一“兴宁梦”，最需要的，是无数的实干者去实践，去达成。

好吧，同乡们，朋友们，就让我们潇洒地挥别“小南京”，向着“大兴宁”的梦想大步迈进吧。

流光溢彩的文化广场。
（王科/摄）

学宫棂星门。
兴宁学宫是粤东北地区保存最完好、
结构最全、建筑面积最大的学宫。
（兴宁市旅游局供图）

推开学宫之门

以先贤为鉴，志存高远，积跬步而至千里，纳细流而成沧海，方能承继兴宁之文脉，有所建树，另创新篇。这，才是每一个生于这文风灿灿之城的兴宁学子应有的追求。

兴宁学宫，于明代肇建，又称文庙、孔庙。既是祭祀儒家始祖孔子的仪典之处，又兼作实际施教之场所，可谓兴宁最古老的学堂，是古代兴宁的最高学府。

这样的一处历史遗迹，对于素有崇文、尊师、重教、笃学传统的兴宁人来说，其地位之尊崇，不言而喻。作为兴宁文化教育的一个符号，关于学宫的报道常出现在书刊电视等各类传媒中。所以就算没有亲自前往瞻仰过，但在兴宁每一个育人施教的老师和孜孜不倦的学生的脑海里头，学宫的形象定然是无比清晰的。

求学时期，我是一个极其安分的学生。除了同班同学，我几乎与外界没有什么交流，在兴宁城里，除了自己就读的一小和一中，我甚至连其它学校的门都没有进去过。反倒是我的一些同学，却是交游广阔，有好些不同学校的朋友和伙伴，经常有机会到别的学校去走动往来。对此，年少的我在内心是很有些羡慕和神往的，可落实到外在的表现，却始终是谨小慎微，还是选择了做一个听话的学生。现在想来，也当真是内敛得有些过了头了。

因了我的这种安分，位于兴民中学的学宫，便始终缘悭一面。

就在我准备写一些关于家乡的文字的时候，有段时间我常常会踩着自行车，漫无目的地游走于城中，试图去触摸这个城市不为人留意的角落，试图去感知这个城市复杂多样的脉搏和灵魂。

这样的骑行是不着边际的，不预设方向和时间的，完全随心情而定，时快时慢，时左时右。某日，当我像往常一样，不经意地踩着车，偶然间转到了司前街，原本随性的心忽有所动。只为那远远的，一片极为醒目的红色，从数百米之遥，从兴民中学的腹地，越过宽阔的球场，透过校门牌楼，推送到我的眼帘。我下意识地放慢了车速，内心深处隐隐有一个声音传来：

去吧，那就是学宫，是时候进去看一看了。

就像是一个巨大的磁场，那片红色吸引着我，踩着车不知不觉地就越过了兴民中学的校门，一直往前，直到后面传来“哎，请您停一下”。

却是学校的门卫把我叫住了。便走回头，向门卫说想进去学宫参观参观。

门卫审视着我，好一阵子，仍是将信将疑。我这才完全回过神来，打量了一下自己：嗬，可不是嘛，像我这样趿踏着一对人字拖，晃晃荡荡地踩着一台单车，满头大汗不修边幅，简直就是一个游手好闲的样子，在学校上课的时间段，不打招呼就径自长驱直入，确实是有碍观瞻有失礼数的。

我便耐心地详细解释一番，如此如此，这般这般。得知来意，门卫登记放行，并热情指点前往。

只是此时此刻，我已是万万不敢大意。天地良心，在此之前，我是从来没有想象过会以这样随便的装束，会以这种散漫的方式，来参访这一处兴宁人心目中的文昌圣地。我停了下来，喘平了气，稍整形容，平复心情，下车推行，一步一步地接近学宫。

那一片吸引着我前来的红色越来越近，越来越清晰。这片红色，就是那红红的棂星门，就是那开着红红花朵的两株木棉树。

第一次，我站立在了兴宁学宫的面前。

然而我却不能从棂星门直接走进学宫。

何谓“棂星”？古人解释为“天镇星”、“文曲星”、“魁星”，以“棂星”命名孔庙大门，寓意将孔子与天上施行教化、广育英才的天镇星相比，又喻指文曲星下凡，天下文魁英才皆汇集于此。

这学宫的第一道大门，从建筑上看，规模并不特别的雄伟，结构也不十分复杂，然那简单的红墙石柱中，无形中透出一种气派，让人不敢轻视，盖因此处，便是兴宁文风之源，任你是富豪权贵，到得此间，也总须存着几分恭敬之心。

棂星门共有三扇，中为状元门，左为榜眼门，右为探花门。如果一个地方从来没有学子高中过状元，学宫的状元门按例是不能开的，这就是所谓的“状元不出，正门不开”。

此刻我面对的棂星门，三扇门都紧闭着。这却不是因为兴宁没有出过三甲之材，而是如今的学宫，已然是一处广东省文物保护单位，除了重大的典礼和尊贵参访者的到来，平常是不对外开放的。

虽然没有开放，还是可以一瞻学宫的外观轮廓。整个学宫除了大门正对的南面，另外西、东、北三个方位都已经被新建的教学楼围拢着，绕过其中一座教学楼，迎面而见的，便是学宫的主体建筑大成殿。此殿亦是红墙，两侧偏殿是绿瓦，正殿却覆黄瓦，堂皇正气，显然是仿宫廷之制，由此亦充分证明了学宫规制之高，表达着一种对教书人和读书人的尊重。

殿前是半圆的水池和一座拱桥，这便是泮池和泮桥了。泮桥拱起的桥面，由七十二块大小不一的石板铺成，寓意孔子门下七十二贤人。泮桥亦称状元桥，过去只有状元郎才有资格从桥上走过。

我努力回想起我读书时的成绩，莫说是状元探花，恐怕连年级第一也未曾拿到过，所以当我虔诚地迈步，踏上这小小的状元桥，竟自心下惴惴，不免有些惭愧。

桥下便是泮池，池子虽小，充盈着的水却颇有灵气。据说泮池的水是永远不会枯竭的，即使遭遇大旱之年，江河里的水都没有了，泮池却依旧

兴宁学宫大成殿。
（兴宁市旅游局供图）

是水清如镜。我想，这长泽不绝的泮池水，是否冥冥中意味着兴宁人材的永续不断呢？

学宫建成之后，兴宁文风大蔚，对开启民智、宏扬文化起到了重要的作用。无数的兴宁学子在此焚膏继晷，终成饱学之士。至于那“一腹四知县”、“一屋五将军”、“一家三清华”、“一桌两院士”的一段段兴宁读书人的佳话，更是让兴宁人津津乐道、家喻户晓。

兴宁历史长河中万千杰出人才，不及细数，文风鼎盛的兴宁，有这么多的读书人，学成之后，在文化、艺术、科技、教育等各个领域的领军人物都不少：宋谏议大夫罗孟郊、明御史及方志学家张天赋、清朝新派诗人胡曦、语言学家罗霭其、主持研制我国第一台机器式地震记录仪的李善邦、新中国显微镜制造家李任重、新中国电影的开拓者袁文殊、中国新兴版画代表人物罗清桢、诗人冯宪章、小说家白危……

站在泮桥上，此刻大成殿的大门也是关闭着的，整个大殿显得庄重而神秘，唯有殿前两侧的桂花飘来一阵阵暗香，沁人肺腑。

由于无法窥见其中奥妙，我只好根据史料的记载想象殿内的格局：大成殿正殿祀孔子；两旁祀孔子的弟子及先哲 16 人；东西庑祀先贤、先儒 133 人；殿内奉有清康熙帝手书的“万世师表”匾额……

正当我闭目神游大成殿之时，两侧的教学楼里忽然清晰地传来老师们给学生们讲课的声音，这与我想象的画面丝丝合扣的画外音，让我的脑海里一下子又跳跃着浮现出孔夫子给三千弟子授课传道的情景。再睁开眼时，环顾古老的大成殿和两侧的现代教学大楼，刹时间令人有种时空错乱的感觉。

遥想兴宁人的先祖从中原南迁来时，大多数出身于书香门第，希望子女们能继承家族的读书传统，更由于当时兴宁地处山区丘陵，条件恶劣，因而形成了兴宁人以读书为高、以读书来改变命运的社会风气，也因此成就了无数的兴宁读书人。

然而，若果是没有那一批又一批诲人不倦谆谆教导的老师们，那一代又一代的牙牙稚子又如何得以终成栋梁之材？

从这个意义来说，兴宁学宫，又该是兴宁教育的一座纪念碑和见证者。

我曾经是原兴宁师范学校的一名普师生，毕业后虽然未能站于三尺讲台之上，却因为这种渊源，对兴宁教育动态多有留意。平心而论，如今的兴宁财政实力并不强，远未到富庶的程度，但在教育的投入上却从不吝啬。这样一个经济不算起眼的粤东县级市，却是名副其实的教育强市，目前已有省一级学校四间，梅州市一级学校十多间，百年老校兴宁一中跨入了“全国千所示范性高中”的行列，兴宁市职业高级中学和兴宁技校分别被评为“国家级重点职业学校”和“国家级重点技术学校”……

我的很多优秀同学，如今便分散在兴宁各间中学小学，早已是各自学校的教学骨干。有的已成为城里重点学校的领导，有些是乡镇教育的中坚力量，更多的是扎根在山区，二十几年如一日，默默地将青春奉献给了教育事业，将一个个农村娃娃培育成了立足社会的可造之材。

我想，我的这些同学们，以及他们的同事们，虽然各自的眼界不同，平台不同，所能取得的人生成就也有所不同，然而在教书育人这一方面的用心，那种期待自己学生成龙成凤的喜悦，却是一般无二的。甚至从某种层面上来说，他们与这大成殿中被万人景仰的孔老夫子和先贤们，也并无什么不同，一样的拳拳之心，一样的值得大家真心尊敬。

“天作高山，宁昌是环。划然中开，沃野夷原。雄雄学宫，富丽而迁。”——明代著名戏剧家汤显祖在《惠州府兴宁县尊经阁碑记》中，如是描述自己心目中的兴宁学宫。

民间自古相传，学宫是依了风水而筑，故而兴宁人材代出、各领风骚。古人之说颇多牵强之处，原不足采信。然自学宫建成后，着实从心理上激励着一辈又一辈的兴宁学子和师长，文风延绵至今，却是不争的事实。

你大概想象不到，兴宁，这个面积只有2100平方公里的小地方，竟然在最近80多年间，涌现出了包括原中科院副院长王佛松、原北京农业工程大学副校长汪懋华、原广东省省立文理学院院长罗香林、原东北大学校长张如心等46位大学校长，被誉为我国“大学校长摇篮”。

徘徊在大成殿前，我不禁想起了一位长辈、一位忘年之交：原暨南大学的老校长王越。

在广东乃至全国教育界，王越都是一位广受尊敬的教育家，在超过一个世纪的人生路程中，他曾师从陶行知先生，一生对贫苦工农大众抱着炽热的爱心；他曾两次承担起复办暨南大学的重任，对百年侨校的复兴和发展厥功至伟；他积极参与社会工作，曾担任广东省政协第四届、第五届副主席。

这位声望甚隆的长者，若论起辈分来，我该叫他一声伯公。更为巧合的是，在我的老家宁塘岭背王屋，我呱呱坠地的那一间房子，正是王越老校长当年曾经居住过的地方。

虽然有着如此殊胜的因缘，我却一直未能见过这位伯公。直到1995年，我初出茅庐，有幸在家中长辈的带领下第一次拜见这位德高望重的老人。

其时王越已是92岁高龄，就在暨南大学简朴的家中以一壶清茶招待了我们。我仍清楚记得对这位老人的第一印象：神色温和可亲，气度却自如渊渟岳峙；说话缓慢而条理清晰，显见其神思之敏捷——正合了那一句，“谦谦君子，温润如玉”。

一开始老人只顾着与长辈们寒暄，对我并无过多留意。忽于言语中听闻我喜好诗词，平时也爱动动笔头，便甚是欢喜，转而与我谈起李杜诗篇，谈起苏轼陆游，兴起处，轻轻托起茶杯，若有所思地说：“古体诗就像这杯浓茶，越品越有味儿，很好，很好。”

临要告别之时，老人忽又把我叫住，从抽屉中取出一封请柬，说：“这是广州日报的一个文学创作年会，说是还有一个奖项要颁给我的。我年事已高就不便出席了，我家的儿孙，又皆是理工科，对文史哲研究不多，不如就由你去替我参加这个会议吧，正好也趁这个机会，你能跟许多文人前辈们多接触接触。”

要知道在此之前，老校长对我还是全然陌生一无所知的，然而甫一见面，只交谈片刻，便授以重任，这一份信任和着意栽培，大出我之所料。我一时失语，只余感动和敬佩：感其慧眼识人之明，敬其辨材施教之功。其师长之风、大儒之范，着实令人折服。

在此后与王越老校长的见面交谈中，老人曾几次提起想要回家乡兴宁去转一转，去看一看祖屋故旧，去看一看神山宁水，他还特别提到的，就是要去看一看文峰学宫……

原暨南大学百岁老校长、著名教育家王越。
兴宁市在近80多年间,涌现出46位大学校长,
被誉为“中国大学校长摇篮之乡”。
(资料图片)

只是碍于身体和其他原因，老人的回乡之路最终未能成行。这一份想回而不得的惆怅心情，我非常理解，这也是促成我下决心写作关于家乡的散文、拍摄关于家乡的美景新貌的一个重要原因。

2011 年初，正当我准备把这本《跟 倕 转兴宁》配图散文集的初稿交给老人过目，请他指正的时候，却传来了老人逝世的消息。老人享寿 108 岁，已是世间罕有，又兼一生成就斐然受人爱戴，我本心知无须过分伤悲，然而，一想到老人夙愿未偿，一想到自此之后，再得不到老人的言传身教，仍是感从中来，无语凝咽。

如今，我就站在大成殿前，想起了老人的心愿，不禁伸出手去触摸那学宫之门，感受此间的文脉气场，在这方天地中，我思绪万千，百感交集。

在前人的辉煌和成就面前，吾辈实在应该暗自记取，却不宜过多流于表面炫耀；既应感到骄傲和荣光，更不敢有半分懈怠之心。以先贤为鉴，志存高远，积跬步而至千里，纳细流而成沧海，方能承继兴宁之文脉，有所建树，另创新篇。这，才是每一个生于这文风灿灿之城的兴宁学子应有的追求。

俱往矣！期待有那么一天，吾辈可以有无愧的心境，有足够的底气，从学宫的棂星门从容昂首而入，迈步踏上泮水之桥，缓缓推开大成殿之门，去与那历代的圣贤先哲们，来一次神往已久、酣畅淋漓的精神对话。

文峰塔外，良田万顷，民居错落。
（王导/摄）

塔高文为峰

古塔当年之所以取名为“文峰”，本意当为“文之峰”，寄托了夺得文魁的希冀；但细细考究起兴宁人崇文的风尚，我倒更愿意将其解释为“以文为峰”，也许更贴切些。

文峰塔，离城不远。

不知道我的记忆是否可靠，总觉得在还没有许多高楼的时候，走在兴宁城中某处，偶然抬头间，是常常可以感觉到它的存在。只是彼时年岁尚幼，懵懵懂懂，不以为意；亦常听师长提起，并不觉有什么感触。似乎未曾去过，或者确曾去过，却是毫无印象了。

待得兜兜转转，从故土而出外，又在外边牵挂着家乡，想一访文峰塔的时候，却不知向何处去寻觅了。我曾登上城中某个大厦的高处，四下张望，却终究搜寻不到那似乎曾经触手可及的塔了。

向知情者问明了线路，原来却是一叶障目，不见泰山。这文峰塔，只是被齐昌大道东侧的几座建筑遮挡了，只需从某个路口，拐进一条乡道，再前行数百米，绕过了视线的障碍，独秀于野的文峰塔便豁然可见。

高高地坐落于兴城南边长陂岭一处山丘之上，环顾四野，皆为沃土良田，亦有民居错落，一塔成峰，俊秀挺拔。

就这样笔直地矗立着，方圆十数里，再无更高处，四下既无遮挡，远远地便可以望到，如有朝霞映衬或得夕阳垂照，更显一派苍凉遒劲。

穿过一片即将成熟的稻田，上了个坡，便到了塔下。

古塔建于清嘉庆十九年（1814 年），光绪七年（1881 年）重建，塔高30余米，共十一层，底下二层四四方方，三层之上则呈八角。塔顶状如葫芦，又形似饱蘸墨汁的毛笔，据说是在佛山定铸，近两百年前，由禅城而至齐昌，真正是山长水远，单运费就用去百多两白银。

塔身皆为青砖所筑。所用青砖并非出自他处，而是在建塔之时就近自设拱窑加工的，砖上清晰可见“长坡岭”字样的印记，或阴文或阳文，透出几许古意。细观青砖的纹路质地，肌理细腻，扎实坚硬，一望而知造塔当时之虔诚与专注，不掺半点马虎。

塔身四周全是杂草，颇见野趣，最妙在于有好事的雀鸟衔种而来，令到塔身各处，斜斜地长出来大大小小的几株榕树，使得原本神色严峻的古塔，宛若冷傲美人忽然浅浅一笑，顿时生出万般妩媚。

单纯以旅行者的目光来看，文峰塔是一处很别致的景观；而对于兴宁人来说，则另有一番渊源。

原来这风格清高的文峰塔，肇建之初，却颇有些功利之用。

相传当时兴宁的学子参加科举，居然长达三十年颗粒无收，不但读书人着急，众官员也是焦虑万分，只觉本县学子勤勉有加，才智过人，并无懒惰愚蠢之过，而累试不第，恐怕便是风水欠佳，时任县令仲振履便倡议士绅集资，筑塔为基，以扭转败风，使文笔生辉。

古塔奠基之日，一众文人学士聚集欢宴，不巧席间有蝙蝠乱飞，撞倒一盏油灯，灯灭油倒，众人大惊失色，闷闷不乐，以为不祥之兆。独有县令仲太爷拱手道喜："油"字倒置，形如"三甲"，汝辈中人，必有高中三甲者也！

也不知是机缘巧合时来运转，或是县太爷的心理暗示起了作用，次年，兴宁学子饶宝书上京赶考，果然高中进士，一洗兴宁文风之颓势，连带着，也令到文峰塔声名鹊起，令兴宁邑人对其肃然而起膜拜之心。

——之所以记述下这未经严谨考证的故事，并不是想渲染文峰塔有多么的神秘，恰恰相反，我只想推开那略带传奇色彩的古塔之门，去探寻兴宁人由来已久的"崇文"之风。

文峰塔的存在，似乎昭示着兴宁人的一种价值取向：读书改变命运。从建造古塔的缘起，便可见兴宁学子对求学开科的渴求。这种读书的风气，经过一代代人的继承、完善、强化，影响深远。时至今日，兴宁的小学生中学生们，读书之用功刻苦，在全省也是出了名的。他们的身后，似乎总有无形的鞭策，让他们勤勉有加，不敢懈怠。

崇文之风，是植在兴宁人内心深处根深蒂固的集体意识，孩子们打小就被这种意识影响，便立下了读好书求出息的念头；大人们呢，但凡孩子想读书能读书，即便再苦再难，东挪西借，甚至变卖家产，也绝不肯让读书儿郎受了委屈。

一个勤勉的读书人，学成之后如果偶尔混得不好，在别的地方，或许会被人轻视会被嘲笑，然而在兴宁，却是决计不会被人瞧不起的。因为，兴宁人对有钱人是羡慕的，对文化人却是敬重的。你遭遇了暂时的困顿，人们会给予足够的耐心，理解你的怀才不遇，安慰你不要着急，并衷心期待你的大器晚成，期待你有朝一日鲤跃龙门。

兴宁人的这种价值观，格外的难能可贵。兴宁有着悠久的商贸传统，商业意识同样深刻地烙在兴宁人的观念中，但却并没有侵蚀到兴宁人对读书人的态度，人们仍然小心保持着对文化人的起码尊重，就算在物欲横流的今日也是如此。乡里坊间的人，倘能写得一手好字，或吟得几句诗词，即便非富非贵，无权无势，也总能获得大家的特别认同。

毫无疑问，古塔当年之所以取名为“文峰”，本意当为“文之峰”，寄托了夺得文魁的希冀；但细细考究起兴宁人崇文的风尚，我倒更愿意将其解释为“以文为峰”，也许更贴切些。怎么理解呢？北宋时期的神童汪洙曾经说过一句“惟有读书高”，差不多就是这个意思了。

几颗小榕斜长于塔身，更增趣致。
（王导／摄）

与其他胜迹相较，文峰塔显得荒凉寂寞许多，由于人迹少至，野草便生得愈是起劲。很多的时候，除了你，就没有别人，偶尔也会碰到一两个人，大都也跟你一样，有一种儒雅的气质，很安静地看，或很小声地讨论。

文峰塔似乎不适合呼朋唤友地大队伍前去，那样只会唐突了这佳人一般的古塔。你只需一个人前来，最多再约上一两个知已，方能品得出文峰塔雅致的味道来。

我喜欢在塔旁茂密的野草中久久徘徊，把思绪放出囹圄，让它电光火石般飞越天外之天，或者干脆让思维完全放空，什么都不去想，好让一切复归为零。

文峰塔似乎有一种魔力，它可以让你灵感泉涌，文采飞扬；也能够让你沉寂思索，“三省吾身”。

当你从文峰塔归来，你觉得下笔有神，你觉得文思敏捷，你便疑心是否得了那文峰塔的风水熏陶。可恰恰不是。是你自己，借着参游文峰塔，给了自己一个机会，去冷静地审视，去理性地思考，你便不那么随波逐流了，不那么轻浮短视了。而文峰塔，其实什么也没有做，什么也没有施加给你，它只是一座塔，静静地立在那里，清风抚之，明月照之。如果非要说它有什么奇异之处，那它也只是你的一个内心的凭藉，一种藏于胸中的信仰来源。

——可惜不是所有人都如你我般珍惜，总有幼稚的人儿，去冒犯和污损孤傲的文峰塔。

进入塔中，要想爬到最顶端，可不是一件易事。开始尚有回旋侧身之地，再往上，木制的梯便越陡越窄，仅容一人通行，几乎要九十度角垂直往上攀了。

幸好每一层，都有四个窗，相邻的两层的窗户，方位又相互错开，算起来，有八个不同的角度，去领略窗外的风景。不同方位的窗，有不同的景致，同一方位，因了不同的高度，又有不同的感受。让你在攀登的过程中，

文峰塔外野云飞。不见落寞，但有古意。
（王导 / 摄）

有种愉悦的感受。

可当你将视线转到塔内的壁上，你方才的好心情，会被突然出现的糟糕状况破坏殆尽——塔壁随处可见“到此一游”的字迹，仿佛可恶的苍蝇，从四面八方嗡嗡地飞过来，赶也赶不走。

这让我大倒胃口，甚至颇为恼火——在其他景区碰到这可恶的疥癣，我尚且能够容忍三分，可这些蛆虫竟然爬到了这格调清奇的文峰塔中，我觉得尤为可恨。

揣摩他们写下这些毫无意义的字句的心理，无非是一时贪玩，又或显摆一下，人过留名。可是，各位朋友，你要知道，这里是文峰塔，是兴宁的文风之源，大家能不能稍存虔诚之心？

如果是你自己创作的一首诗，题写在塔中，就算不那么工整，哪怕是打油诗吧，我也可以默不作声；或者你真想写下些什么，也不妨在唐诗宋词元散曲里，挑一句喜欢的写上去，我也无话可说；甚至，我在塔的最顶一层看到用红漆喷成的四个字“天下我狂”，即便字迹毫无美感，即便仍是破坏了文物，我也还能多少找到一丝丝的理由为他辩护——起码，这四个字，还是言中有志，借以抒怀。

我多么地希望，文峰塔内，写满的是兴宁文人学子的诗文歌赋，挂满的是兴宁名人方家的书法画作，又或者镌刻上兴宁历代先贤的名句哲语——也好让前来参观古塔的人，近距离地感受兴宁厚重的人文气息，观景而抒胸臆，睹物而思进取，可汲师长之善益，能提士子之心气——唯其如此，则塔以文名，文以塔盛，相得益彰，福荫至远。

唯其如此，才是巍巍文峰塔内应有的文气淋漓，才是兴宁文化传承圣地应有的高远境界，才不枉了文峰塔“以文为峰”的真意，才不枉了兴宁人“崇文”的声名。

暮色中，塔身耸峙，更显凝重之美。
（王导／摄）

神光山之巅。
（刘自得／摄）

这么一座神光山

那你必须得到神光山去，以一种虔诚的心态，去好好亲近它，阅读它——兴宁和兴宁人的崇文尚武、智慧变通、甘于奉献、坚忍顽强、以孝为先、与人为善……全都写在这么一座山里面了。

登山远眺，兴城尽揽。
（谢育祥／摄）

神光山，最是难于描摹。

海拔360米，相对高度240米。这个高度，对于喜马拉雅巍巍昆仑来说，只不过是区区泥丸；面对华夏五岳或是黄山匡庐，也只勉强算是一个小山丘；即使在兴宁境内，相较于千米之上的罗浮阳天嶂，相较于雄踞一方的罗岗白鹤仙师，也只有仰视的份儿。

然而，就这么一座低矮的山，无论你从什么角度来考虑，无论你按什么方式来排序，只要是提起兴宁的风物景致，你都得把它摆在前列。

神光山的形状也最是平常不过。山不高，峰不险，林不密，石不奇；也无云海，也无怪松，不出珍禽，绝迹异兽；这样的一座山，普通得跟这一带连绵起伏的无数个野山头实在没什么两样。

然而，就这么一座平平无奇的山，却令所有兴宁人念兹在兹，时刻挂念；即使它外表平庸，隐没在千山万壑之中，兴宁人也能一眼就认得出来。

你或许会好奇了。如此一座不起眼的小山峰，究竟何德何能？

“**山**不在高，有仙则名”，刘禹锡的名句，被后人无数次化用，常用作比拟。然而，拿来白描神光山，竟是异常贴切，度身定做。

神光山的“仙”是谁？他就是宋朝的探花郎，兴宁人罗孟郊。

相传罗孟郊在山下白天劳作晚上苦读，却因生活贫穷，没钱买油点灯。正焦急间，一晚梦见一个白发童颜的老人，自称是山神，见他读书认真，特上天采得五彩祥云，悬挂在山顶，供他照明读书。罗孟郊梦醒，果然见神光璀璨，便爬上山顶读起书来，通宵达旦也不觉困倦。不日，上京应试，高中探花。

神光山，亦因此而得名。

如今不少地方，打着旅游开发的旗号，随便圈一块地，凭空杜撰一个传说，以引起游人探幽访古的兴趣。神光山和罗孟郊的这个故事，莫非也是如此？非也。罗孟郊的这段佳话，不仅古已有之，而且人物事迹俱在，人们只是在口口相传中加以渲染，寄托一个美好愿望，浑不似那些现编现卖的所谓传说，毫无根据，穿凿附会，漏洞百出。

罗孟郊是有明确记载的兴宁古时取得科举最高功名的读书人，官至谏议大夫、翰林学士，且为官清廉，不愿与当朝大奸臣秦桧同流，所以备受人们尊敬。罗孟郊这个历史人物，是兴宁的骄傲，他的很多事迹都有典籍记载，细读史料，不难看出，在他的身上，集中了一个儒家的全部优点，比如他处贫困而不失其志，比如他遭重压而不失忠贞，比如他的刻苦，比如他的孝顺……他的所作所为，自然成为兴宁人心中的一个标杆，一个楷模。罗孟郊借神光夜读书的精髓所在，便是与兴宁人骨子里敬重读书人的传统相契合，与兴宁人信奉的读书改变命运，读书能得天助的愿望相契合，如此，传说便有了出处，传说便有了凭藉，传说也就成了真实。

而神光山，也因此有幸承载起了兴宁的“崇文”内涵，成为兴宁的一处人文胜地。

另一个与神光山结缘的历史人物，是明末清初的兴宁石马才子何南凤。何南凤于明朝万历年间中举，本是儒家学子，后参悟世事，落发为僧，自称牧原和尚，长期驻锡于神光山，并以此山为弘法基地，开创了禅宗的一个新的流派。

宋朝探花罗孟郊洗砚处。
墨池寺至今仍有探花亭和探花书院，
以纪念这位才子和清官。
（王科／摄）

神光寺与祖师殿。
（王导／摄）

何南风由儒入释，以释证儒，遍读各家学说，了悟儒释虽分两家，然表里相关，联系密切，儒家的“格物致知”、“平治天下”与佛家的“明心见性”、“普渡众生”，实乃异曲同工，殊途同归，于是创立了一个以劝人行善为教义，亦儒亦佛，亦僧亦俗的禅宗临济宗的一个支流：“横山堂”。

“横山堂”的创立，实可谓佛教史上浓墨重彩的一笔，也是何南风对兴宁佛教的最大贡献，他由此确立了一代宗师地位。横山堂主张参禅无须拘泥形式，参禅与习儒本无二致，僧俗亦可相通，僧人亦应积极入世，救众自立，非仅以清静寂灭为高。这些教义更贴近民众，更贴近现实，也因此有强大的生命力，再加上何南风编著了一部客家方言的《横山堂》佛经，更为客家地区的众多普通百姓所接受，因此，横山堂这一流派流传甚广，在广东、广西、江西、福建及泰国、印度尼西亚都有大量门徒。

佛法在世间，不离世间觉。何南风能够看透佛法的最本质之处，并善于变通，不拘泥于清规戒律，破常规，创新派，不愧为一位大儒，一代高僧。

何南风一生游历，居无定所，唯与神光山渊源最深。其曾驻锡山脚的曹源寺，因年代久远现已不复存在，而其主持重修的位于山腰的神光寺，如今却佛灯永续，成为十方信徒皈依礼拜的佛教圣地。

何南风诗书俱佳，在其诗词当中，颇多以神光山为题，情真意切，富于禅意，由此亦知他与神光山的不解之缘，且录一首：

青山无恙问神光，何限人生堕劫场。
几次挂瓢心自在，这回凭几梦清凉。
闻名未谢遗身累，往事全非得趣长。
何必赵州年百二，但知住处免奔忙。

沿神光山旅游大门的右侧小路前行数里，有一处高且陡的台阶，台阶起点，有一牌坊，上书四字：“岩固天全”。

“岩固天全”，乍一看很平和，云淡风轻，道法天然。再一琢磨，却不简单，看似轻轻巧巧，却有一种中流砥柱、倚天补缺的气度，有一种于无声处听惊雷的意象。

更奇妙之处，在于将这四个字分拆开来，就是“山口一人，石古大王”。

石古大王，何许人也？实际上，这是又一个与神光山密不可分的历史人物。关于他的传说，兴宁人自己就有很多个版本，不过，我还是愿意挑选一个最朴素也最接近真实的版本来说吧。

古时，神光山周围全是荒山野岭，山里的野兽经常伤人，让附近村民不得安宁。村里有个少年，决心要为民除害，从小就练习掷石子的武艺，能把石头掷得又远又准，石头也随之越练越重。

一天，忽闻有人大喊“狼来了！”，这少年随之赶到，掷出一块石头，正好打中狼的脑袋，狼叫了一声便倒下再不能动弹了。

又一日，这少年经过山坳，突然“呜”的一声跃出一只老虎，这少年不慌不忙，连续掷出石头，例不虚发，一块块坚硬的石头打中了老虎的脑部、腹部和腿部，不费多大功夫就把老虎打死了。

以后，这少年掷石的武艺越来越精，野兽逐渐少了，地方日渐安宁，人民生活日益安定。

人们为了纪念这少年，就在神光山设坛奉祀，称他为石古大王——“石古”，兴宁话，即石头也。

这样一个小英雄，经过后人不断加工神话，赋予了他无所不能的神通，最终便演变成了兴宁道教的一尊偶像。如今，前来求财问子、祈福平安的

望兴亭与石古大王道观。
（肖希正／摄）

神光山国家级森林公园，环境优美，是全民健身运动的好场所。
（刘自得 / 摄）

人络绎不绝，每逢节庆，外地回兴的人更是把神坛挤得密不透风。石古大王，益发成了有求必应的神仙般的人物。

溯本归源，拜祭石古大王，在古代，是整日处于危难中的人们崇拜英雄的天性使然，是寄望英雄前来解危扶安的呼声；如今，则是兴宁人祈求盛世不衰长治久安的良好愿望，一如那四个字“岩固天全”。岩固，则社会稳定，安居乐业；天全，则灾害不生，天下太平。

絮絮叨叨地说了神光山的几个故事和人物，实在是无奈之举。因为当我决定为家乡兴宁写些文字的时候，一开始执起笔来，首先就想着写神光山，却不料在很长一段时间里，毫无进展，起了无数个开头，却无数次地放弃，我甚至怀疑关于家乡的系列文章可能就此半途而废。

——绝不是因为神光山没什么好说，相反地，恰恰是因为它太有内蕴，令到我不知道从哪里开始落笔，诚惶诚恐，生怕顾此失彼，挂一漏万。如果流水账似地把神光山的人文景致罗列成一堆，自家人当然能理解其中委曲，可要是闷倒了外地的朋友，却反是一种罪过了。

我只好下笔无规，把它解构成若干片段，反正我长一段短一段地写，你东一章西一节地看。你若喜欢，便全文细细读来，你若不喜欢，不妨跳过罢了。

——仔细想了想，面对这座承载了兴宁人太多内涵的这么一座山，这样随性的叙述方法，倒也不失为一个差强人意的选择。

确实，就这么一座神光山，儒、释、道都齐了；就这么一座神光山，又还远远不止这些。

神光山下的职业技术学校和华侨中学，给兴宁培养了多少人才？特别是职校，它的前身就是声名赫赫的兴宁师范学校，当年的莘莘学子，如今已成为兴宁社会中坚和精英力量——多少兴宁才俊从神光山走出，去一展身手，中流击水。而功成名就之后，又怎能不回想在神光山的日日夜夜，怀念在神光山学习、锻炼、成长的历程？

神光山上矗立的人民英雄纪念碑，记载了为兴宁人民立下丰功伟绩的烈士事迹，那山间的抗日名将李振将军的纪念亭，不由让人缅怀那些风起云涌的光辉岁月——这分明又是一座英魂之山啊，寄托着人们对先烈的敬爱和无尽思念；而在山顶的篮球场上，你又可以经常看到神光山驻军某部的官兵，与兴宁的普通民众一起竞技比赛，交流感情，俨然又是一幅军民一家亲的动人画面。

…………

我想，关于神光山，也许我不需要再写下去了。神光山就是这么一座山，包罗万象，让你仰之弥高，钻之弥深，怎么写也写不全，怎么写也写不完。

每次回到兴宁，神光山都是我必到之处，去汲取它的灵气，去感受它的积淀——如果你也想了解兴宁，想了解兴宁人，那你必须得到神光山去，以一种虔诚的心态，去好好亲近它，阅读它——兴宁和兴宁人的崇文尚武、智慧变通、甘于奉献、坚忍顽强、以孝为先、与人为善……全都写在这么一座山里面了。

如果说宁江河是兴宁的母亲河，默默滋润和哺育着兴宁人；神光山就是兴宁之父，他平凡，却包容，不伟岸，却有担当，时时给你以精神的力量，时时给你以关键的启迪。

也许，只有你真正地认识了这座山，真正地深入了这座山，才能解答你最初的疑问：

就这么一座神光山，为何就成了兴宁的一个符号，一种象征？

就这么一座神光山，为何就成了一代又一代生于兹、长于兹、奋斗于兹的兴宁人精气神之所系？

就这么一座神光山，为何就成了一批又一批在埠外、在省外、在国外打拼的兴宁人梦绕魂牵之所在？

位于神光山山腰的抗日名将李振将军纪念亭。
（王导／摄）

宁江河畔飞鸽回旋，晚霞微映。
（王导／摄）

宁江河絮语

历史潮流，浩浩荡荡，无论是一条河，还是一座城市，都是时候挥别过往的阶段，融入更大的舞台，揭开新的一页。

暮色初笼，而华灯未启；夕阳既沉，而晚霞犹存。

沿河两岸，少了白昼间车水马龙的热闹喧嚣，又未到静夜里月上柳梢的浪漫迷人，穿城而过的这一段宁江河面，在这个时分，显得特别的安分。

这样的时节，最适宜斜倚石栏，细细欣赏这河之两岸：

河之东，连绵数里的沿江路，已然是一派繁华格局，一幢幢楼层沿江而起，长长的江边休闲长廊，隔着几步便有古榕垂荫，或有石凳休憩；临江的街道，饭店、酒吧、桌球室等各类商家鳞次栉比、纷呈斗艳。

河之西，原本连片低矮灰暗的厂房和建筑，逐片拆除，沿河的道路已整饬一新，一两幢新起的楼，又间隔着一两幢新起的楼，正在慢慢合拢，未起楼的空地上，也可见有车辆勾机在往返劳作，大有一派后来居上的势头。

河之央，自北而南，宁江大桥、上华桥、西河桥、兴宁大桥、海燕大桥……飞架于兴宁城区之间，这些桥的造型并不惊艳，设计也不显得独特，然而却发挥着最平凡最实在的功能，负责起了沟通兴宁的东西两岸，往来不息。

…………

眼前的一切，已不复往日狭小窘迫的模样，而日益流光溢彩的沿河新颜，不禁又让我稍稍的意乱神迷、浮想联翩……

呵，万不可信马由缰，让思绪飘得太远啊！怎么可以幻想着去比较那多瑙河畔？怎么可以幻想着去比较那维港风情？这里也决计远远比不上黄浦江外滩！这里也决计远远比不上珠江两岸！这一座城叫做兴宁，这一条河，也只是宁江河而已。

好吧，好吧。且收拢那不切实际的想象的翅膀，且回到这现实当中吧。

只是，只是，我有一种莫名的开心，甚至能引来在内心的微微一笑呢。因为至少，在我的潜意识里，这一段其实很普通的宁江河畔，竟有着某些

宁江河流经城区的东岸已是一派繁华，
西岸变化飞速，建设如火如荼。
（林东、王科/摄）

横跨宁江河的彩虹桥。
（王导/摄）

似曾相识的景象，或者说某种曲韵相通的趋势，能让你的思绪会在偶然间不听使唤，游走到了或许是不可思议的疆域。

一阵低沉的哨音从远处的上方传来，彻底打断了我天马行空的思绪。却是那成群的信鸽，以宁江为中轴，在天空中绕着大大的一圈，往复来回的，有纪律地，飞翔。

宁江河的河面，在霞光的映照下，泛着一层淡淡的金色，平静而舒展。乍看上去，仍是一派寂寂不动，仿佛亘古如此；而稍有常识的你我，皆知此时此刻，就在深深的河床之上，那河水却在静静流淌，不舍昼夜。

眼前的这一条宁江河，是与记忆中如此的不同。

且不说你是多年未归的游子，定会讶异于宁江河两岸的巨大变化；就算是终日守候在兴宁的人们，也一样能感觉得到这里的默默变迁。一如这宁江河水，看似平静，却暗自一路朝前，从来不曾停歇。

这是另一组留在记忆中关于宁江河的影像。

石马河，宁江河上游三大支流之一，静静地流经一处大的村落。

正值暑假，酷热难耐的三伏天。在村里的某一户人家中，传来一个大人声色俱厉的训话：好好呆在家里，不要出去乱跑。

小孩儿脆脆的应了声：哦！

大人还不放心，又加上一句：特别不能再到河里去玩！

小孩儿仍是脆脆地应了声：哦！又乖乖地从书包里拿出作业本，煞有介事地在上面写写画画。大人很是满意，便安心出了门去。

忽听屋外一串长长的带着拐弯的口哨，又或是几声稚嫩无比却偏装得老气横秋的咳嗽，屋里的小孩儿，便如炮仗般炸起，转瞬便蹿出门去，会合了门外早已集结的大部队，急匆匆地赶到了河边。不消几秒钟，便已把全身脱得光不溜秋，扑通扑通地便全没入了水里，腾起了一股股浪花。

清凌凌的水蓝莹莹的天，这一条河，本就是上天赐给兴宁儿女们的，小孩们自然对她有着天生的亲切感，这样的感觉，就像要投入到母亲的怀抱中。

似乎每一群孩子，在河里都有着约定俗成的固定地盘，在那片水域里，你可以尽情地撒野，嬉闹，打水仗——当然，也会偶然不觉游到了另一群孩子的领地，但也定不会有什么冲撞——能有什么冲撞呢？都是偷偷地从家里跑出来，泡在这清凉的河水里，有的只是快乐似神仙的心情。

也有闲着的三五个大人在河里横渡，引来几乎所有小孩儿的注目，大人们来回穿梭，手臂带起的水花和小腿拍打的水声，让一众娃娃们无比的羡慕和神往。

总有泳技了得的小孩儿跃跃欲试，却总会招来其他同伴的劝阻，那自负的小孩自然不听，众人便祭出威力极大的一句：“不准去，不然告诉你家里！”

那小孩只好长长地叹息一声，满脸沮丧，即便表演欲再强，也只好放弃了。

快乐的时光总是过得飞快，好象才刚刚下水，再瞅一瞅太阳却已西斜得厉害，小孩们一个一个极不情愿地起了水，在岸边沙地里使劲地甩了甩身上的水，用手飞快地来回拨弄头发，又从一堆衣服中找了件穿上，如一队散兵游勇，匆匆往回赶。

结伴到了家的附近，便四散开来，各自悄悄地摸回自己屋里，重新打开那一页做了几天也没任何进展的作业本。

不多时，大人回来了，见着认认真真趴在桌子前的小孩儿，便忍不住夸上一句：哟，还在做作业呐，真乖！今晚给你做好吃的。

小孩儿脆脆地应了声：哦！

黄陂河、罗岗河，汇合于合水水库，开始了从合水镇至水口镇长近60千米的宁江河主河道的奔流。

沿合水中学旁边的一条小道走来，不多时便听到了哗哗流水声，两三里外，合水水库的雄伟大坝和泄洪闸清晰可见——这是主河道的起点，但若把上游的支流算上，以全程计，却不折不扣的是宁江的中游。

这是一个清晨，河边已有不少的钓者，三三两两，或猫在岸边的一块平地，或踩一叶小舟，或干脆高高卷起了裤腿站在河中浅水处，悠然而自得其乐。

我轻轻地凑上前去，小心的压低了声音："河里有鱼吗？"

那垂钓的老者却全无顾忌，声如洪钟："当然有！"——他就不怕吓走那本该上钩的鱼儿?

可鱼儿还愣是吓不跑，这不，老者的钓竿一挑，一条活蹦乱跳的小鱼儿就到手了。

那鱼儿虽小，却极肥美，不但跳得生猛，鳞片也闪烁着自然的光泽，只看着它的样子，我的味蕾就似感知到了那鲜甜的味道，喉咙里也早已不知咽了多少回口水。

便又问："老伯，这河里的鱼好吃嘛？"

宁江河干流上游河段，风光秀美。
（王导/摄）

老伯说："当然好吃啦，你看看这宁江水，清不清？你再看看这水里浮游的微生物，有营养不？这就水里养出来的鱼，你说能不好吃吗？看你的模样，大概是在外面回来溜达的吧，你倒给我说说，这个年头，大城市里还能找到这样又没污染又有鱼的河水吗？"

我呵呵一笑，又指着他刚钓起来的几条鱼问："这鱼是煮来吃还是煎来吃好啊？"

那老伯也笑了，伸出几只手指比划了一下："今天这鱼啊，太小啦，只有三个手指板那么大，我不用煎也不用煮，拿回家去喂鸡喂鸭子算了！"

呃……我窘了半天，答不上话来。

见我无语的傻样，老伯又说："鱼喂鸡鸭，鸡鸭生蛋，我再把蛋煮给孙儿吃，吃得白白胖胖的，哈哈……"

我便转而去想象那鸡蛋鸭蛋是何等的矜贵和美味了……

水口，是兴宁南端一个镇。顾名思义，水之口也，显而易见的，此处与水有莫大关联。

兴宁的地形，如同一个纺锤，北边稍窄，中部还算厚实，东西两端各自横跨着几个镇，而到了南边，便收得更是狭长了，水口镇的东西两侧，便已无兄弟乡镇，而是西毗五华，东邻梅县了。

自五华流向梅县的梅江，恰恰便从兴宁的水口镇自西向东横穿而去；而自北朝南几乎流经兴宁全境的宁江，也正是在水口镇，与梅江形成一个"T"字形，几乎是直角的交汇。

宁江河北起江西省寻邬县荷峰畲，一路向南，流经兴宁罗岗、坪洋，于合水汇黄陂河，于龙田汇石马河，穿兴宁城区，于坜陂汇永和河，最终于水口汇入梅江，转而向东，然后再汇入韩江，汇入大海，一去不返。

这一条全长 107 千米，沿途接纳 32 条山溪小河，流域面积占兴宁总面积的 65% 的宁江河，这一条哺育和滋润了兴宁儿女的宁江河，这一条温和而慈爱的兴宁人的母亲河，终于要悄然远去。

跟随着宁江一路南下，来到横跨宁江的最后一座桥上，我久久伫立，凝视着这条河。

这最后一段的宁江风光，竟与上游支流是如此相似，两岸竹林摇曳，偶露屋角人家。我满怀感慨：这条不算大，不算长，也不曲折，却对兴宁意义重大的一条河，在历经点滴起源、涓涓细流、水库蓄势、诸河汇合、奔流而下之后，终于来到了告别的时刻，这种告别，该是一种什么样的姿态？

在没有来到水口，没有亲眼看到宁江与梅江交汇之前，我的脑袋是充满遐想的：那汇合的一处，该是奔腾咆哮吧？那交汇的一刻，该是风云激荡吧？那交融的过程，该是曲折多情吧？

而现实却远没有我想象中的复杂，一切都是自然而然的，即便宁江与梅江的交汇处，是一个 90 度的直角，也没能生出更多的激情和碰撞。只见两股水默然混合，如同一见钟情而又低调行事的两个有情人，迅速有了默契，甚至没溅出来一朵浪花呢，就携手而去了。

是我太多情啦！我自嘲一笑，转过身来，那夕阳正照在两江交汇之处，照在不远处的水口大桥，照在那更远的东边的浩荡梅江水，那江水中，已分不清哪一滴是宁江水了。

我转瞬间明白，我只自顾着悲天悯人，主观地认为宁江到了此时此地，是消失，是告别，是结束，自然便心有戚戚，留连不舍；而宁江河却比我明白，在这里，是交融，是联合，是积聚，是以一种更浩大的气势，是以一种更稳健的力量，从此迈向新的征程，去创造新的格局。所以，在这交汇的节点，在这告别的时刻，便多了几份从容不迫，便多了几分淡定有数。

历史潮流，浩浩荡荡，无论是一条河，还是一座城市，都是时候挥别过往的阶段，融入更大的舞台，揭开新的一页。

想到了这一层，我便不再惆怅，只挥一挥手：宁江河，请一路走好。

宁江河在水口镇悄然汇入梅江，平静而从容。
唯江边有寺名“合江”，似作见证。
（王导／摄）

合水水库湖心亭。
（王导/摄）

倾听合水水库

从改革开放初期意想不到的走红，到后来猝不及防的失落，经历了巨大反差及由此带来的困扰之后，终于回过神来，开始缓慢而不屈地重新焕发出生机，努力想要回复它那曾经的光辉岁月。

这是一个轻柔的夜，轻轻的，行走在合水水库的大坝上。

大坝的顶端，修成了连接库区两边的一条公路。这个钟点，大家也该入梦了吧，行人很少，也没有过往的车。

夜虽深，却还不至于漆黑一片，湖面略略地反射着微微的光。隐隐然，你可以看见那湖心亭和花塔的轮廓。

不密不疏的雨花，蹑手蹑脚地趴在你的发端，可以打伞，也可以不。

天空大概有大片的云彩吧，因为看不到月亮，也没有了星——也好，思绪不会被如眉的弯月诱惑着钩走，视线也不至于转去寻觅那划过天际的流星——只专注当下，专注于暗夜中的这片水域——这样的一个夜，伴着那调皮的，雨的节奏，独自走在长长的大坝之上，呼吸着新鲜的又略带一点泥腥的湖水的味道，享受这难得的静谧，我的灵魂仿佛要飘离我的躯干，我的思绪如同穿越了时空。

“你来了？”耳边一个低沉的声音传来。

我吃了一惊，定了定神，却没发现有人，周遭很安静，除了在围墙角落的夏虫短促地鸣了一声。

我疑心是记忆深处突然思念某位年少的朋友，而神情恍惚了，因为这个声音，亲切而又带点沧桑，熟悉而又有些陌生，只有那种久未谋面却日夜记挂、远在天边却如近在眼前的经年的知己好友才能给予的感觉。

合水水库，于我而言，有着特殊的意义——因为小时候父母在合水工作的缘故，我的童年记忆都与合水有关，我的启蒙时期，也正是在这里度过。

贪婪地深吸一腔从水面飘来的空气，那些关于合水水库记忆的片断便

暮色降临，天地归于沉寂，
正宜用心倾听。
（谢绍胜／摄）

从我的脑海里，抑制不住地飘飞出来：

——是吵闹着被抱上水库大坝的围栏，全然不顾可能跌落湖中的危险，固执地挣脱大人试图保护的手，张开双臂，在弧形的围栏顶端如同平衡木般快步行走，一边走一边咧着嘴回头看大人脸上吃惊紧张的表情。

——是夕阳西下，在大坝背水的另一侧，嵌着“合水水库”四个水泥砌成的大字，那一片长满绿草的大斜坡上，玩耍和嬉戏，从上往下的俯冲，追逐，跌倒，翻滚，再爬上去，再一次俯冲，追逐，跌倒，翻滚。

——是炎炎的夏日，几百号人扑腾于水库边的浅水区，几十号人畅游于湖心，几号人横渡于岸边与花塔之间，而当时的我却是一个旱鸭子，只能一边目睹着这壮观场面，一边想象水中的清凉，怅然若失。

——是乘着游船，围着湖心亭和花塔绕上一圈，偶尔见鱼儿从水中高高跃起，或是翠鸟从湖面掠过，当然最好是坐着快艇，因为低矮的船舷，足够让我的手偷偷伸向水面，在四溅的水花的冲击中感受那莫名的畅快。

——是在大坝中段的那间餐厅里吃饭，满满的一桌十几种菜式，全部由水库里四五十斤重的大鱼作材料，那鲜甜的味道，现在却是再难找回了。

——还有……还有那一瓶几乎当时所有的兴宁人都喝过的橙汁汽水，原料就是合水农场自产的橙子，鲜榨的橙汁加上碳酸，想起那种原汁原味的口感，我总觉得是我们那一代人的福气。

…………

记忆都是些简单而快乐的碎片，然而有这些碎片就足够了，我甚至不想把这些碎片去组合成一个连贯的画面或是一个动人的故事，因为，一串散落的碎片，是人生记忆中何等浪漫的一颗颗珍珠，可供人用一辈子的时间去慢慢回味，让你偶尔的，想起这么一点点，又想起那么一点点。

但今夜，合水水库给我的感觉，显然与这些记忆不符。

风云变幻的二三十年，让我不再拥有单纯快乐的年少时光，历经岁月的侵蚀而沉寂了许多；而合水水库，又何尝不是经历过一个命运的轮回？

我望向水库湖面，霎时间清醒过来——就在刚刚，那一声“你来了”，那一声低沉的话语，岂不正是我儿时的玩伴、多年的老友——合水水库，对我久违的问候？

我不禁环顾那泛着波光的水面，那黑的岛屿，那摇曳的树，那泊着的船。我的眼中业已模糊，我的心却在回应着呼喊：是的，我来了。这些年，你好吗？

风停了，雨也歇了，人们听不到任何的声音。可是，独独我，能听懂合水水库的诉说，太多太多，停也停不下来。

是的，我是最好的听众，因为，我了解它，我了解我这个朋友，我甚至知道它想说的一切。

那，就让我细细梳理一下合水水库的前世今生吧。

20 世纪 80 年代，是合水风光无限的时期。

那位老人在南海边画了一个圈，于是，神州的每一块土地，都迸发出压抑许久后的生机——于是，水库的湖光山色波光粼粼，农场的肥田沃土硕果累累，这些天然的资本令合水脱颖而出，领一时之风骚。

那时的合水水库，是兴宁最大的农场。

最多的，便是成片的荔枝树。荔枝果熟之后，农场组织采摘完毕，便成了我们的天堂。放学之后，刚刚还成群结队走在路上的娃娃，倏地便消失了踪影，藏进了那高高矮矮的荔枝树里，去搜寻那“沧海之遗珠”。奇怪的是，虽然公家的“正规军”已经反复清剿，但最大最甜的果实，却往往在繁枝茂叶的掩护下留到了最后，当然最终没能逃脱我们这些小屁孩的扫荡。每发现一颗战利品，总发出一声夸张的叫喊，惹来数十束艳羡的目光，抑或引出几串饥馋的口水。

荔枝树是我们的乐园，然而能让兴宁全城的人们都为之骚动的，却是合水农场的橙子和柑橘。橙和柑成熟的季节，恰好临近春节，因此就成了最好的年货，成了最紧俏的物资。我常常有机会跟父亲去堆放采摘好的橙和柑的仓库，最里边是堆积如山的果子，这边却是装好一箩筐一箩筐的在过磅，装筐的，抬筐的，报重的，记数的，监秤的，热火朝天，不亦乐乎。如果恰好有阳光照进来，那金灿灿圆滚滚的东西，定会晃得人的眼酸胀酸胀的，半天睁不开来。

农场统筹好丰收的果子，按一定的比例给城里的各个单位发了票，票很是简陋，就是一张白纸，用油印印上几个字，标明品种重量，加上个公章——当然还有特批的条子，由农场的领导写上几个字，签个名——这些票子可都是宝贝，简直可以直接当钱使用了——待到票子发了下去，过不了几天，由城里来合水的公路上便车水马龙了，到仓库的路更是人声鼎沸了。

…………

那时的合水水库，是兴宁最著名的旅游景区。

一到春光明媚或是秋高气爽，几乎每天都能看到红领巾们排着整齐的队伍，一路嘻嘻哈哈、唧唧喳喳地四处扑腾，围坐在草地里击鼓传花丢手绢，坐船在湖心唱着“海面倒映着美丽的白塔”，唯一能让这群小麻雀稍为安静一下的，就是在水库边的烈士纪念碑前敬献花圈的时候。

不独是小学生们，大人们也爱来合水水库。来得最多的，是双双对对

合水水库旁的纪念碑，
是兴宁学子必有的记忆。
（王导 / 摄）

的情侣，急不可待地从班车上跳下来，手拉着手，去租条小艇在水中你侬我侬，在荔枝林下窃窃蜜语，浪漫的一天就悄悄溜去了。

…………

那时的合水水库，还有一个远近闻名的鱼苗孵化场。

产卵的母鱼总得有六七十斤吧，快要产卵的时候，就要喂食鸡蛋黄来增加营养。鱼苗场每天都要蒸好几百只蛋，把蛋剥了，单独把蛋黄挑出来，捏碎，拌上其他的饲料，洒进母鱼的池子。而那些剩下来的蛋白，就交由场里的职工家属们处理了。我曾经一天吃下二十多只蛋白，在当时物质条件下，这也算是一种幸福的烦恼了，该庆幸的是，我倒并没有因此而对鸡蛋产生厌恶。

吃了蛋黄的母鱼，不几天，便产出了卵，用手往池里一捞就是几百粒，一粒粒透明的，像鱼肝油丸一般大小，在光线下呈现出水晶般的折射。

等到孵出了小鱼，工人穿着几乎可以包裹住全身的防水服，走下池塘，用一个勺子，一边在池里舀起细小的鱼苗，一边口中念念有词数着，一边把鱼苗放进桶里，数量分毫不差。那数鱼苗的口诀，在我听来，就是一首动听的歌谣，曾几次央人教，却总也没人搭理我。

待到一批批的小鱼苗孵化出来，每天，不分早晚，长长的氧气罐把长长的塑料袋吹得鼓鼓涨涨的，成千上万的鱼苗，就装在透明的袋中，被汽车、拖拉机、摩托、单车载到全国各地的池塘，也把养鱼人的口袋撑得鼓鼓涨涨的。

…………

这，就是我记忆中合水的全盛时期，是兴宁最富活力的一个乡镇，到处热火朝天，如同一块巨大的磁铁，吸引四面的目光，汇聚八方的人。

蓝天、白云、碧波、绿树、花塔，
这就是记忆中的合水水库。
（王导／摄）

仿佛一夜之间，所有的喧嚣，一切的光荣和梦想，在20世纪90年代的中后期，突然之间烟消云散。合水水库，陷入了无限落寞和迷茫之中。

曾经走俏的橙子和柑橘，似乎不再受欢迎了。国门打开，放眼世界，人们送礼用的是贴着标签的进口新奇士橙，人们过年吃的是远道而来的皇帝柑和沙塘橘。人们感觉外来的水果更大，更甜，更有营养，人们对曾经趋之若鹜的、为了一张供应票而求爷爷告奶奶的合水的橙和柑，已经有些不屑了。

娃娃们也不爱去爬荔枝树搜果子了，中国的经济在快速发展，哪家的小皇帝手里没有几张大人给的钞票呢？棒棒糖、甜筒雪糕、脆脆饼干，这些花钱就可得来的，花花绿绿的包装和香香甜甜的味觉，迅速代替了在荔枝树上满头大汗地爬来爬去的乐趣。

恋爱中的人们，也开始陆续在的舞厅、卡拉OK、酒吧、咖啡厅里流连了，潮流一日三变，“月上柳梢头，人约黄昏后”，或是“有位佳人，在水一方”，这些过往的浪漫情调，已不再适应越转越快的节奏，约会在合水水库，在恋人们的眼里，恐怕已经不是一个好的选择，甚至有些老土了。

就连小学生们来到水库，也显得不那么兴奋了，虽然一样的吵吵闹闹，却是听到这些见多识广的幸福的娃娃们对着合水水库开始品头论足了：“暑假和我爸妈去的那个湖比这大多了”，“那座山不好看，没有特色”，“唉啊闷死了，这里没什么好玩的”；然后就一屁股坐在草地上，要么是喝起酸奶，要么拿出了随身的游戏机。

而那引以为豪的鱼苗场，早已是明日黄花。自从鱼苗孵化的核心技术被人复制，又还有谁会山长水远地来到这里呢？只剩下没有半滴水的孵化池空空地被冷落在杂草中，只有门口挂着的“孵化基地”招牌，可供追忆

合水是休闲旅游好去处。
（王导／摄）

昔日的辉煌。

同样让人感慨的，还有那真材实料的合水汽水，也在市场的无情冲击中，落得关门停产的命运。

…………

在合水最冷落的时节，我回来过一次。不单是原来的热闹不再，更兼着恰逢枯水期，水库水面落下了一大截，露出大片黄色的土，全然没有了往昔秀美的神韵。更让人心碎的是原先树木郁郁如画般的湖心亭，也被折腾得只剩些枯干残枝，一眼望去，满目萧索和冷清，了无生气。这样的情景，就连特意回来访旧的我，也不愿久留，草草的转了一圈，带着无限的落寞，离去了。

从繁华的高峰到寂静的谷底，来得那么快，来得那么彻底。合水，究竟为何会被历史的脚步远远地抛离？是缘于自我满足固步自封？还是外面的世界变得太快？也许，兼而有之吧，逆水行舟，不进则退，历史的步伐，本来如此。

幸运的是，合水没有就此沉沦。是因为坚守于斯的合水人的不放弃，是因为一直视合水为宁水之源的兴宁人的不抛弃。

犹如人的成长一样，天将降大任于斯人，必先苦其心志。合水水库，从改革开放初期意想不到的走红，到后来猝不及防的失落，经历了巨大反差及由此带来的困扰之后，终于回过神来，开始缓慢而不屈地重新焕发出生机，努力想要回复它那曾经的光辉岁月。

或许是机缘巧合，或许是三十年河东三十年河西的自然规律，或许是

水美鱼肥渔家乐。
（李永芳/摄）

对合水人、兴宁人漫长等待和坚守的回报，就在合水历经兴衰交替，痛定思痛，准备再次上路、奋起直追的时候，上天仿佛于冥冥中也看到了合水历经挫折仍勇往直前的勇气。2005年，合水水库迎来了加固扩建工程——这是建国以来整个兴宁、也是整个兴梅地区，最重要、最大型的一个水利工程——现在看来，这项工程，正是合水水库触底反弹最为关键的助推器和加速器。

隆隆的勾机和穿梭的泥头车，巨大的石块和粗长的钢筋，整个大坝几乎被推倒重来。阵痛过后，如同凤凰涅槃一般，完成改造加固后的大坝，更显得壮美。

扩容后的合水水库，对整个兴宁及梅江、韩江的调节作用也愈加重要，集雨面积增加了，蓄水量也更多了。一片汪洋、白云悠悠，花塔与湖心亭的美丽倒影又再现眼前。

在水库边平整的土地上，先是移民新村的一幢幢楼房整齐划一地冒了出来，再是一户一户因库区扩容而从周边乡镇迁来的移民兴奋地搬来了，接着是家家门前种了树，栽了花，浇了菜，添了人气，旺了镇区。

一辆，一辆，接着一辆的自驾游汽车在水库边停了下来，从车里走出来一批，一批，又一批的游人，或一家老少，或好友至亲，从大都市里赶来了，从兴宁城里赶来了，尽情地陶醉在合水水库碧波荡漾的原生态景致中。

——这生机勃勃日益热闹的景象，又让我依稀回到了从前那个火红的年代。

只是，现在和从前，是如此的不同。记忆中的热闹，是爆炸式的，是众星拱月的，是被动的，是让时代簇拥着起来的，是让人来不及思索的；现在的热闹，却多了几分从容和渐进，多了几分不急不躁和条理分明，多了几分目标明确方向既定，多了几分主动规划成竹在胸。

上一次的热闹，曾让合水迷失了自我；如今的再次上路，是否可以通向更加美好的明天？作为老朋友和命运轮回的见证者，我对合水水库满怀着期待。

这是一个轻柔的夜，轻轻的，行走在合水水库的大坝上。

我来了，我在倾听，倾听合水水库，倾听这位老朋友向我诉说它的前世今生。

我问：这一次，你还能有多少改变和超越？你究竟会带来一个怎样的未来？

风再起时，水面一片涟漪，我知道，这是合水水库的微笑，这也是合水水库最好的回答。

加固扩容后的合水水库新貌。（陈燕山／摄）

和山岩里和山寺。
（王导/摄）

和山岩的今与古

我倒是很容易发思古之幽情的，游荡于和山岩中，恨不得自己身上那一缕魂魄，飘飘渺渺的，便穿越到了明朝正德年间，穿越回了天然去雕饰的麻石岩里。

和山岩，上有和山寺。得盛世太平之功，寺院日见添砖加瓦，规模渐成；又传说所求甚为灵验，遂香火日盛。回到兴宁，是一个可去之处。

沿机场路往东北直行十数里，待有分岔路口，径选左侧驶入乡道，则山川形势便有不同，再往前数里，一地名曰和山村，见上山之路，未几，便到得和山岩景区了。

远远地把你的视线吸引过去的，是一尊露天的观音圣像。塑像虽不甚雄伟壮观，雕功亦不显华美，断不敢与浙江普陀山或是广府莲花山相提并论，然菩萨的慈眉善目，总是一般的无二。

虔诚地在底下合十仰视，最喜莫过有一抹斜阳掠过，菩萨像顿时身披金光，煌煌灿灿，竟是灵气十足。当天空飘来一片洁白的云团，你可得留神了，那有求必应的南海观音，是否已然在此现了真身？此时若有一阵风吹过，你或许要揉一揉眼，看个真切，那菩萨手中的柳枝，是否曾经为你摇曳了一回？

菩萨的身后，便是和山寺。

大凡汉传佛教的寺庙，且不说规模之大小，占地之多寡，从山门开始，一条中轴线次第展开，天王殿、大雄宝殿、观音殿、祖师殿、伽蓝殿、钟楼、鼓楼、宝塔……各建筑互为依托，呈虎踞龙盘之势，寺院所供的佛、菩萨、罗汉、护法等诸塑像，也是气势威严，自有一番肃穆庄重之感。

客家地区的寺院，却很有些特别，好些寺院的结构，都如民居般不太起眼，就是一个普通四合院的模样——眼前这和山寺便是如此，似乎少了些严谨，多了些随和。

那寺门之外钟楼和鼓楼，其实只算是立于大殿前边左右各一的亭子罢了，亭子各分了上下两层，右边厢挂了钟，左边厢摆了鼓，却没能让人生

菩萨隐于瓜果之间，
和山寺的景致，与生活起居相融，
颇得“佛法在世间”之真意。
（王导／摄）

出晨钟暮鼓的高深旷远来。反倒是亭子的下层，各有石桌一张，石凳若干，三五知己，泡一壶茶，享半日闲，最是惬意。

入寺门，前头先有笑口佛迎客，中间是一个院子，后头便是大雄宝殿了。而大雄宝殿之内，则更是一殿之内而诸神同在、天下大同——除供奉佛教三尊之外，其他本不属佛教范畴的土地、财神、娘娘、圣姑等各路神仙，也一一有其位置，皆大欢喜。

不知道虔诚的佛教徒会作何想，我倒觉得这样甚好。看这一殿之内，尽显包容，兼收并蓄，倒真是应了那万法归一，和谐共存。我想，佛教的真谛，或许还真就此体现了呢！

再细细端详那弥勒、如来诸佛像，却不知是何人所塑，竟大异于他处所见。一尊尊的法相，既不高大，也不觉敬畏，却好像身旁的长者良朋一般亲切——尝听人言，古人以自己为原型塑造偶像，故而佛教发源地印度的佛像，皆曲发而长须；到得中国，却面善了许多，越来越倾向汉人的面容了——佛菩萨有无穷化身，为的只是方便渡人，那么，在兴宁这片土地，要想使众人亲近佛法而供奉三宝，当然便得显出几分兴宁人的脸部特征，幻化出许多客家人的音容笑貌来。

那当中的院子不大，有一株桂花树，若有若无的暗香，最是沁人心脾。树下几张八仙桌，可供信徒游客歇脚，或品茗，或用斋。如果不是周围有各路释道诸佛众神拱卫，这院子，跟一般的农家待客纳凉的地方也并无二致。

我不由想，禅门本该如此吧，佛法在世间，不离世间觉，禅即生活，生活即禅，与其将佛菩萨捧得高高在上不食人间烟火，还不如就这样朴素无华，佛法便在娓娓的家常闲话中弘扬了，凡夫便如居家过日般受教了。

到了和山岩，进了和山寺，若果能领悟到这一层，也不枉来了一趟。

有人恐怕要问了：和山岩，既以“岩”命名，岂不是应该有一块岩石，或是有一个岩洞吗？

待我细细翻阅一下兴宁的县志。《明清兴宁县志·山川篇》载：“邑中名胜得天工者，以此岩为最。”更早一些的《正德兴宁县志》载：“和山在县东北二十里，下有大岩曰麻石岩，深五六丈，内有佛像，乡人祈禳求嗣必至此，以为有感。”

原来岩石确实是有的，岩洞也是有的。而且县志中评价极高：“以此岩为最！”什么意思呢？就是说论起兴宁境内的自然风光，还没有哪一处比得上此间的钟灵毓秀。

只是可惜了，今天的你我，已没有什么机会一睹这天赐麻石岩的真容了——它业已被扩建后的和山寺整体建筑完全遮挡，再不可窥其全貌，唯有走到和山寺大殿的尽头，还隐隐能看到部分岩壁，供人去想象和回味那大自然的造化之功——面对和山岩的今与古，我心情着实是复杂的——我该为彼时邑中殊胜的被破坏而感慨可惜吗？还是该为此时此刻的佛日增辉而欣喜？

当然，我并不是想指责或评价什么——要知道，我对如今的和山寺，还是有颇多的赞美之辞——我只是掩饰不住内心些微的失落：为什么总要面对这样的两难选择？如果在建筑规划的时候，能稍稍地考量一下与自然的和谐共处，能略微地思虑一下与历史的传承交融，该有多好？

可是事既如此，纠结也是无用。每当我咀嚼起以上两则县志，总免不了感慨一番，想要在脑海中想象一番，还原古时那素颜的麻石岩。

那个时候，面前是没有钟楼鼓楼的，也是没有这殿那殿的，有的只是青山依旧，有的只是彩云出岫。只见左右两峰环抱，正中主峰背耸，山腰

岩壁之上仍可觅“灵岩”两字，
却是后人题写，已非祝枝山原作。
（王导/摄）

间裸露着一块的巨大无比的岩石，那岩石的中间，却被大自然的鬼斧神工削去了一块，凹了进去数丈形成了一个岩洞，洞门口有疏落有致的绿萝倒悬，既隐隐绰绰地遮掩了洞口，又能让阳光恰好穿透而进，岩旁有石柱，岩畔有清泉，甫入岩中，便透出丝丝清凉，好一个洞天福地！

这岂不正是那县志所载巧夺天工的麻石岩的本来面目！

我倒是很容易发思古之幽情的，游荡于和山岩中，恨不得自已身上那一缕魂魄，飘飘渺渺的，便穿越到了明朝正德年间，穿越回了天然去雕饰的麻石岩里。

移步入岩，前门后堂，左廊右庑，所有的亭台楼阁，既做工精细，更难得的是全都顺应山形岩势而筑，点缀于其中，与岩石岩洞丝丝入扣，水乳交融，非但没有反客为主，反增岩中情趣。

那岩壁之间，刻有“灵岩”两字，旁边有一天然石雕的莲座，供着几尊佛像，却并无彩塑金身，也无红巾披肩，只是石雕刀刻，质朴而素净，令人一观而凡心止，再观而禅意生。

正心驰神往间，左侧一处院落传来一阵喧笑。

循声寻去，那院中大树参天，极是阴凉，在院子中间开凿了一条九曲回旋的细渠，又从山涧引了一泓泉水，一只酒杯，便荡荡漾漾地飘游在曲折细流当中。七八个书生，围观其中，各据一端，或坐或立，或轻摇羽扇，另有三两个童子，或持酒壶，或执纸笔，侍立一旁。

原来，这便是古代文人们常常聚在一起斗文品诗的“流觞曲水”风雅游戏，那酒杯随水而动，只要停在哪一位的跟前，便要喝酒吟诗。看那些

文昌祠踞于山顶，
门前对联“文擎宇宙、武镇乾坤”，颇见气势。
（王导/摄）

参与其中的书生，已是醉态可掬，或口中念念有词，或摇头晃脑沉思，想必是在暗自准备万一酒杯转到自己面前时的诗词歌赋吧。唯有一身着浅灰衫者，年岁稍长，气定神闲，微露笑意，看着一众文友，显得很是气质非凡。

众人目光皆聚于那水槽中的酒杯，曲折迂回，徘徊不定，却最终又晃晃悠悠的，正好在那灰衫书生面前停了下来。

其余众人皆击掌而庆，灰衫者起身一拱手："今日吾将醉矣，醉矣！"

众生却不肯轻易放过，鼓噪起来："允明兄，谁人不知你诗、书、画、酒皆为我辈中之佼佼者，此番却是推却不过了，当得吟诗一首。"

那灰衫者也不推辞，朗声道："吾乃吴中不才书生，竟有幸得以选授兴宁县令，与诸位士子结缘，实是快哉快哉，当赋诗一首，便以此麻石岩为题，各位以为如何？"

其余众生自然高声附和，那灰衫书生，踱了几步，稍一沉思，便朗声吟唱：

山和人亦和，乘暇集鸣珂。
陟岭美未得，到岩奇转多。
交枝树碍马，一步地旋螺。
成屋自麻石，作门唯碧萝。
瞻天隔鸟道，入地学蜂窠。
树向顶上植，泉从肩畔过。
禽虫凭几住，云霭入衣摩。
佛座泥三级，僧床石四阿。
西临旷野漠，东眺径陂陀。
远炊潜生爽，骄阳暂息苛。
祈祷情敬谨，乐业舞婆娑。
物穰用亦俭，地危心不颇。
民心都似此，吾为尔陈歌。

祝枝山，字允明。这个名字，想必大家都不陌生。

他与唐伯虎、文徵明、徐祯卿并称吴中四大才子，其风流轶事，屡屡出现于各类民间故事和典籍戏剧之中，早已为世人所熟知，以至于一提起祝枝山，绝大多数人首先想起的便是时下诸多影视作品中搞笑滑稽的形象来。

然而，真正的祝枝山，或者说祝枝山的另一面，究竟大家又有几分了解呢？

恐怕还有一些兴宁人，并不知道祝枝山曾经在兴宁为官六载；恐怕还有不少兴宁人，并不清楚祝枝山曾经为兴宁留下了诸多诗文墨宝；恐怕还有更多的兴宁人，或许从来就没听说过祝枝山编撰的《正德兴宁县志》。

历史中的祝允明，博学而文采飞扬，一生著有诗文六十卷，杂著百余卷。正德十年（1515 年），这位才子出任兴宁知县，亦可谓勤政爱民，廉洁奉公。在兴宁的六年间，祝枝山深入民间，清理积案、兴修水利，卓有政绩，得到广泛支持，并使百姓心悦诚服。

以如今的角度来评价，论祝枝山给兴宁留下的最宝贵财富，当属他组织编写的《正德兴宁县志》。他邀集兴宁有识之士，根据成化残本增修兴宁县志，补漏匡误，并亲自手写《正德兴宁县志》稿本，分四卷，共 40 页，每页 18 行，每行 21 或 22 字，还有夹注和眉批，详细记载了兴宁的郡县建置因革、乡都山川、寺观古迹、户口、风俗、科第、物产，是现存兴宁方志的最早版本，给兴宁留下了极为珍贵的史料，是兴宁难得的一份历史遗产。

提起和山岩，更是与祝枝山有着不解之缘。相传他于闲暇时探访和山岩，感叹其景观秀美，视为风水宝地，当即提议在和山岩修筑庭院，并写下遒劲有力的“灵岩”两字，刻镌于和山岩石壁上，从而使和山岩声名大噪、游人如织。

祝枝山亦常于公务之余，呼朋引友，在此吟诗作对，快慰生平。上文中那一首《游和山麻石岩诗》，正是其在兴宁其间，留下的佳作之一。细品该诗，犹可一窥当时和山岩的殊胜之处，以及在其治下兴宁境内物富民安的景状。

祝枝山与兴宁的渊源颇深，留下诸多史实记载。其实对这些历史，我自己也并不了解多少，都是现学现卖。很多前辈学者所掌握的素材，远甚于我。我在文中也无意再列举更多的故事，大家感兴趣的话，自可以到图书馆去找《兴宁文史》来读一读。

我想说的是，如此知名的一个历史人物，而且在兴宁整整呆了六年，政务方面可谓颇有建树，亦不乏与邑人往来的动人故事，更与和山岩缘分非浅。按理说，这可是和山岩景区可以堂堂正正地亮出来的文化名片，这可是足以打造兴宁旅游吸引游客的一个绝佳文化品牌，这可是别的地方梦寐以求却求之不得的稀缺历史资源！

可是，遍游整个和山岩，除了空有一个“祝王游院”的门框，以及深藏于石壁不为人所见且已非斯人所书的“灵岩”两字，竟再不见一丝一毫与祝枝山相关的痕迹，没有雕像，也不见碑记，更没有介绍。我辈来得此处，若非事先做了功课，有心刨根问底，否则亦是无从了解。

为何没有想到在这和山岩中，对这位才子略作纪念呢？也好让后人凭吊一番，唱和一番；为何没有想到在这和山岩中，以祝枝山昔日事迹为据，打造一个历史人文圣地？也不枉了兴宁素有的“崇文重教”之风，才不枉了兴宁如此厚重丰富的文化和历史。

我之前曾感慨和山岩那块大麻石的不可再见，而当我面对和山岩在文化方面的缺失之时，那种抱憾和可惜的感觉，较之尤甚。

可惜，在兴宁，类似的情况还有不少。

比如现在已经很少人知道周恩来曾经领导东征军在兴宁留下过革命的足迹；比如现在已经很少人知道著名的词人柳亚子先生曾经在兴宁石马镇避过难；比如现在已经很少人知道文天祥抗元南退，曾经到过兴宁城西饶屋……

这些点点滴滴，单独地看，好像都不算起眼，其实只需稍为用心，去总结梳理一番，把这些散乱的遗珠连结起来，便立刻能成为一串璀璨的明珠，而兴宁的历史人文底蕴，也便悄然地提升了——这些无形的资产，会让兴宁人更有自豪的感觉——从民众的角度来说，与人往来便多了几许谈资；从城市的角度来论，立足于诸兄弟市县间，则徒添了不少底气。

诚然，当前之格局，必有其因：或是囿于识见有限，或是缺失了指引和组织，或是发展的阶段未至，或是另有其他委曲。我们当然不能要求一蹴而就，然而亡羊补牢，犹未晚也！到了今时今日，总不该就且如此吧，是该在文化内核上动动脑筋腾挪手脚了。

由今思古，从和山岩联想到祝枝山，又由祝枝山联想到兴宁的文化旅游发展，竟没来由地发了一通感触。可牢骚非我本意，我还是继续逛我的和山岩吧。

加快两步，登至和山岩的最高处，便可一睹山后美丽的和山岩水库了。

山后有和山岩水库，
碧水青山，白云无边。
（罗伟仪／摄）

兴宁是“中国围龙屋之乡”，
屋半圆、池半圆，实一半、虚一半，
组成一个完整的圆，组成一座完整的围龙屋结构。
（林东／摄）

看不够的围龙屋

围龙屋，渐渐地，便从兴宁人的日常居所，演变成了一个图腾，一个精神家园。

选一个有凉爽的风的日子，最好是踩自行车，不徐不疾，随意朝某一个方向，出了城。也就哼几首歌的工夫，你已来到了纵横交错的田野之间。

无需刻意地寻找，你只在那偌大的天地间站定了，往周遭望上一望。远远的山的那头，蓝蓝的天的下边，绿绿的几簇竹子的旁侧，尖尖的黑的顶，方方的白的墙，嗯，那便是一座围龙屋无疑了。

到围龙屋去转一转吧。你大可不必去想应该怎么前去，只信马由缰，任那车轱辘转动，沿着乡间的小路，顺着叮咚的小溪，左边一拐，右边一弯，不大一会儿，眼前便出现了一片长长的菜地，由篱笆隔起来分成了大大小小的几块、十几块，每一块地里又种着苦瓜豆角，或是萝卜白菜。挨着这长长的菜地，是一个半圆的池塘，一个老大娘，正用长长的水勺，从池塘里舀起一勺水，呼啦啦地泼向自家的菜园里。

池塘的那一边，有个老头，刚把半截蚯蚓串上了鱼钩，用力地甩动着钓竿，那鱼线划了一道弧，倏的一声没入了池塘的水中，泛起细细的几圈涟漪，只剩那浮标在水面一晃一晃的。

老头掏出一袋烟丝，用手撮起些，卷了一支。老头的身后，是个大大的禾坪，满满的晒了一地的金黄的稻谷，一个妇人，正在用耙翻动着谷子。

禾坪的后边，便是一座大屋，中间一个大门，两侧各有一个稍小的门。从门外往里看，一层层，一围围，让你闹不清楚这大屋里面，究竟有多少间房子。

正犹豫着要不要从门里进去，忽然从屋里窜出来几只黄狗，冲着你叫唤几声，你吓了一惊，转身欲逃，却在里面的某个房间传来一声主人的断喝，

围龙屋的秋与春。
（陈作新、蔡红霞／摄）

黄狗们便住了口。有一两只，也许还向你摇摇尾巴，或者过来亲善地嗅嗅你的裤腿呢。

现在，你确信是来到了一座围龙屋了，只是，你进来的这一座，是否你远远看到的那一座，就不得而知了。不过，是与不是，对你来说又有什么关系呢？反正，你是漫无目的，反正，你是随意行走。

于今上溯三十年，除了城里的低矮楼房，兴宁人几乎都住在围龙屋里，一座围屋便是一个大家族，若非沾亲，便是带故，济济一堂，热闹非凡。

——清晨，也不知是哪一家的鸡最早打鸣，引来全围屋的鸡此起彼伏地把人们给叫醒，家家便开始生炉煮饭，开始一天的劳作，种田的种田，垦地的垦地，喂猪的喂猪，放羊的放羊……剩下一群半大不小的，不是去屋后的山丘掏鸟窝，便到屋前的菜地里钓青蛙，又或在围屋的天井走廊捉迷藏。当然也有稍年长些懂事的，自觉地跟着大人，随时听候差遣，在厨房里打打下手，或被指派去田里除除杂草。

——黄昏，炊烟又起，谁家酿了豆腐，谁家焖了肉，或是谁家煎了鱼，谁家宰了鸡，总要招呼着左邻右舍的过去都尝上一尝。那时候物质不像如今那么丰富，获邀的大人们或许不好意思动筷，小孩们却是从不安分的，吃饭的时候总是端着一只碗，转遍了整个围屋，也吃遍了各家饭菜。

——中秋，各家各户都把家里的切饼软饼，瓜子柚子，全拿了出来，在围屋最大的中厅堂里摆开，泡上一壶茶。一座围屋的人，就如同一大家

围龙屋门前的禾坪，
节庆时用于庆祝活动，平日里就用来晾晒谷物。
（林经仁／摄）

围龙屋里厅堂宽阔，
可共聚品茗，可吹弹共乐，
可农课培训，可结伴玩耍。
（李永芳、林焕权、谢绍胜 / 摄）

子，老人端坐在高椅上啜饮着佳茗，威严而慈爱，小孩儿缠绕在大人膝间，不时偷偷伸手去桌上抓好吃的东西。就这样随月起月落，品家长里短，其乐融融，情意浓浓。

——过年了，在舞龙舞狮的锣鼓声中，映衬着大门口小门口的大红的对联，一片喜庆热闹。你家捧来一串炮仗，噼呖啪啦的点燃了吉祥，我家拿出烟花，在天空中绽开了喜庆。不一会儿，禾坪上便铺满一层厚厚的红通通的炮仗纸屑，预兆着来年的红火希望。

…………

那时候的日子，似乎就在这样平和温馨中悄悄地过去，四季更替，年复一年。

然而，围龙屋的日子也在一天一天的变化着，先是哪一户人家因为学习或工作的原因，搬出了围龙屋，到了镇上，到了城里；又或是哪一户人家新建了小楼，也搬出了围龙屋；就这样，不经意间，围龙屋里的居民越来越少，渐渐的，从原先的热闹变得冷清。

如今，有不少的围龙屋已经空置，显得极为安宁，而围龙屋的外围，却多了一幢幢三层四层的小洋楼。

搬进了小洋楼的人们，却总念叨着围屋的好，时不时地回去打扫一番，流连一番；逢年过节，远在外地的人都回来了，也必先到围龙屋里的祠堂去，祭拜先祖，祈福迎新；孩子们也爱回围屋去玩，因为，那里有禾坪，有池塘，有玩伴，有在空间狭窄的城里所没有的一切。

围龙屋，渐渐地，便从兴宁人的日常居所，演变成了一个图腾，一个精神家园。

就这样，围龙屋似乎跟人们渐行渐远，走出围龙屋的兴宁人，心里虽不时挂牵着，但谁也没有把它当作是什么宝贝。

直到有一天，人们才又突然发现，原来自己曾经居住的地方，竟是中国五大特色民居之一，是客家建筑的一个重要流派，围龙屋里竟然饱含了如许丰富的文化内涵，竟然是一处可供发展旅游促进经济的最大资源。

说起围龙屋，不得不要提起福建的土楼，这两者颇有渊源，很有可比之处。土楼和围龙屋，可算是客家人建筑的一时瑜亮，都是客家人谋求生存和适应环境的产物，并都依此立足，落地生根，生息繁衍，由客而主。

从外观上看，福建土楼呈圆筒状，整个外墙形成一个圆，将自己的生存空间团团围住，所有的居民都向着土楼的中心，形成一个封闭的小社会；而客家围龙屋则呈半圆之状，是半封闭的，并且有着明确的朝向，里面的居民，既相互依存，又相对独立，而且时刻保持着对外的沟通。

对于福建土楼和兴宁围龙屋的结构上的不同，建筑专家民俗专家自会有专业上的权威解读。我作为一个门外汉，是这样推测的：

客家人最早从中原到了闽赣，面对一片蛮荒，初来乍到，战战兢兢，唯求自保，便只好团团地将自己围住，以策安全，这样一来，就形成了土楼的基本形态，具有高度防御功能的堡垒式建筑，所有土楼里面的居住者，都只有一个出口对外，这样一来，既保护了自己，同时也封闭了与外界交流的机会。

而当时间再往后推，客家人辗转再来到兴梅一带，此时他们已对南方这片土地有了诸多了解，此时的想法，就不只是安身立命，而是多了几分

围龙屋横梁、门匾、对联，皆有深厚的人文背景，
每一处细节都体现出厚重的人文历史。
坪塘岭背王屋的墙画中，有几幅是临摹颜真卿的《双鹤铭帖》，
体现了兴宁人先祖修德重义的精神。
（王导 / 摄）

从容，生出更远大的志向，体现在围龙屋的建筑上，心态便平和自然许多，整体建筑除正面的大门小门可供进出，围龙屋在横屋与围龙的连接处，还常设有通往围外的次门，这样，就使之既自成一体，又门户开放。

俱往矣，当时代的大潮来临，福建的客家人和兴梅地区的客家人，大家几乎同时从土楼和围龙屋走了出来，原本更为封闭保守的福建客家人，却领先一步，占得了先手，率先想到了以土楼发展旅游经济，以土楼弘扬客家文化——申报世界文化遗产并一举成功，之后又加大宣传，并很快就搞好了一系列的旅游配套，从土楼挖掘了客家文化内涵，开发了不少吸引游客的项目，引得全国乃至世界各地的游人纷至沓来，领略客家先祖留下的宝贵遗产，一时间，令世人只知闽西客家有土楼，而不知兴梅客家有围龙屋。

同为客家人杰作的围龙屋，在土楼申遗成功之后，才大梦方觉，随之也着手启动了申遗的工作。前些年，由梅州市倡议，拟以兴梅客家地区的围龙屋作为一个整体，申报世界文化遗产。

然而步人后尘，怕是有不少的难度，胜算难测。不过，此举仍然值得为之鼓掌，须知亡羊补牢，总比浑浑噩噩无所作为强上百倍，所以围龙屋申报世遗，兴梅地区的客家人，自是个个踊跃，人人出力。

兴宁的围龙屋，数量众多，大大小小的，数以千计，打开百度或谷歌卫星地图，以一个在天上俯瞰的角度，便可见在兴宁广阔的土地上，那一围包着一围的半圆型建筑，一座紧挨着一座，错落在阡陌之间，一丛丛一

围龙屋建筑风格各异，选材严谨，建造用心，
历经千百年仍保存完好，
是兴宁的一个宝贵历史文化遗产。
（李永芳、王科／摄）

随着游客逐渐增多，
围龙屋也成了摄影爱好者的创作基地。
（吴黎、魏玉明、温凉、王科／摄）

簇簇，蔚为奇观。

兴宁的围龙屋，建筑风格各具特色，既有最典型的，最能体现“天人合一”特点的半圆形围龙屋如叶塘磐安围、俗称“花螺墩”的宁新长兴围、福兴大王屋等，也有建筑最精美、浸透儒家思想文化的的方形四角楼的罗岗善述围，华丽典雅的刁坊棣华围，还有仿西洋风格的慈恩庐，碉楼式样的躲世围……

兴宁的围龙屋，历史悠久，花甲古稀的比比皆是，百岁以上的也为数众多，更有现存年代最久远的，被俗称为“九厅十八井”的宁新东升围，是始建于元代初期；说起围龙屋的规模庞大占地最广，却首推坭陂的进士第，为三堂八横二围，加上6间书院，以及禾坪水塘，分布面积近22000平方米，蔚为壮观。

兴宁的围龙屋，人文深厚，里面的一石一瓦，一牌一匾，一联一碑，以及屋檐瓦椽，雕刻壁画……无不昭示着兴宁人崇文重教的风尚，正因如此，围龙屋里也是人材辈出，比如宁新李和美屋，就是中国新显微镜发明制造家李任重的故居，又如福兴的大黄屋，就是原广东省省长黄华华的祖屋，至于从围龙屋中走出的无数的学者、将军，更是灿若星辰。

可以这样说，兴宁的围龙屋，数量多、规模大、建筑美、年代久、类型多、人文厚，放在世界范围内，都有极大研究和审美价值，是不折不扣的光辉灿烂的厚重的文化遗产，只静静地坐落在那，就是一块人文瑰宝，自然就不愁没人问津，也不怕没人重视。

在围龙屋的开发和保护上，也充分印证了兴宁人的实干精神。先不管别人如何，自己先行动起来，对境内古民居进行了一次全面的调查摸底，发现古民居近4000座，其中围龙屋2400多座。经过推荐和评审，选出了“十大古民居”和“特色古民居”135座，并依此出版了《兴宁客家围龙屋》画册，对兴宁围龙屋的建筑形制、形态构成、内外装饰，以及客家人的族群观念、宗族结构、生产和生活方式等进行诠释，解读了兴宁围龙屋的丰富内涵，及时向外宣传推广。

而在争取外界认同方面，又体现了兴宁人做事灵活的特点。在福建土楼已经申遗成功在前的情况下，不一味鲁莽蛮干，而是积极地另辟蹊径，并把围龙屋这个静美的建筑，与兴宁花灯制作的传统工艺相结合，与兴宁人独有的“赏灯节”民俗文化相结合，通过多方努力，终于成功获得了国家有关单位批准命名为“中国围龙屋之乡”和“中国花灯之乡”。

“中国围龙屋之乡”，是一个响亮的招牌，鲜明突出，有号召力。这个招牌落在兴宁头上，来之不易，得之无愧。

我们现在要做的，是要踏踏实实地把“中国围龙屋之乡”这个招牌打响擦亮。通过这个金字招牌，更好地对围屋加以保护、整理、宣传，避免破坏和无序开发，整合兴宁的人文旅游资源，统一形象，拧成合力，开发以围龙屋为主题的旅游项目，举办以客家民俗相关的文化活动，达到促进兴宁经济，提升兴宁知名度的积极作用。

很高兴地看到，这些年，兴宁的政府部门在努力，兴宁的百姓也自觉参与其中，大家集思广益，为的都是给家乡兴宁出一分力，增加一分正能量。就目前来看，局面是很可喜的，极大激发了群众保护古民居的积极性，增强了社会各界保护和推介围龙屋的意识。

如今，不少珠三角的朋友，无须我介绍，已主动提出要到兴宁去转一转，要到围龙屋里看一看，他们同时也因此对兴宁的历史和民俗文化产生了兴趣。这一微妙变化，让我这样一个从围龙屋里走出来的人，打心眼里高兴。

尤其值得欣慰的是，从围龙屋的保护、开发、宣传，兴宁人共同谱写了一篇好文章，我看到了兴宁人的群策群力，上下一心，思想统一。那么推而广之，又何尝不能在其他方面继续保持这样的团结一致干大事的势头呢？又何尝不能把兴宁建设得更加美好呢？这，其实就是我一直在强调和呼吁的：多体会兴宁的好，多发现兴宁的美，因为，兴宁，始终是你我美丽的家，她的未来，她会变得什么模样，完全视乎你我以什么态度去对待她。

兴宁乡间处处可见围龙屋。
（王导/摄）

围龙屋对兴宁人的影响深远，
这是鸿源酒店吸收了十大古民居的元素
而另铸佳作的“围龙居”餐厅。
（王科 / 摄）

兴宁境内，有近 4000 座古民居，
其中围龙屋 2400 多座，
是当之无愧的“围龙屋之乡”。
（王达毅 / 摄）

围龙屋逐渐由生活居住地，
演变成逢年过节的庆典场所，演变成兴宁人文的展示窗口，
演变成兴宁人心中的精神家园。
（谢育祥／摄）

又到一年炙酒时。
（陈燕山／摄）

吃不完的炙老酒

老酒不单是待客之上品，也是兴宁人逢年过节、日常喜庆的必备，在宴席上倒上一碗老酒，红扑扑、热腾腾，未吃先已迷离。入口平顺，醉意绵长情也长。

秋冬之间，清凉却不觉着冷，更可人的，还是一个艳阳天。随意行走，踱到田野的某一处。

还在不久之前，那一丘丘的广阔田地里，风吹过的时候，那一波一波青色禾苗黄色稻穗组成的浪，簇拥着直撞向你的心里；现在，只剩下齐刷刷的禾苗的根还留在那里，田里的另一角，是堆成一垛垛的脱谷后的禾杆。风再次来访，已然不见了那盎然的稻浪，却吹来了一股子新鲜的稻草味儿，教你四肢百骸都酥了去。

远远地就可以望到，总有一两座围龙屋的上空，弥漫着或浓或淡的一团浅蓝或灰白——这决不是炊烟，这个时分，不早也不晚，正合劳作，勤快的农人又怎么会浪费这最好的时光？这也决不是云彩，因为空气中已然传来那若有若无的一丝丝谷壳炙烤的味道，混杂着一种醉人的芳香。

亲爱的，请别再愣着了，请别再犹豫了。这肯定是哪一家人，正在炙老酒呢！快快沿着那田间的小道，走到那屋前的大禾坪，又或进去那围龙之间的空地，去讨一碗老酒来吃吧！

且回到那秋收时节。沉甸甸的稻穗，被镰刀喀嚓嚓地割下来，在脱谷机里打出黄澄澄的谷粒，又给碾米机剥成白晃晃的米粒儿。

丰收之后，忙碌的季节告一段落，怕是农人最惬意的时分了——仓廪实、牛羊肥，云淡风轻、心花绽开，按理说大可以歇口气，在家里懒散几天，哪怕是各处游荡几天罢。

可你就总不见他们有停歇下来的意思——趁着还没踏进冬的门槛，围屋里的农家妇人们，用清洌的井水泡透了新收成的糯米，支起了大锅，点

浓烟绕围屋，酒香飘四野。
（何志林／摄）

燃了柴禾，急火快沸，小火慢蒸。

即将开锅的时候，几乎整个围龙屋的小娃儿们都来了，团团的围着灶炉，身体互相挤兑着，又不敢太靠前，也不出声，只紧张地盯着那哧哧往外冒气的大铁锅，一脸的期待。协助主妇烧火的小孩，年岁稍长，此时便负起维持秩序的责任，气势威严地拨开拢成一圈的娃娃，留出正中的位置，向里屋大声地呼唤他的母亲，前来主持局面。

那妇人放下针线，从隔壁的屋里过来了，凑到锅前闻了闻味儿，便晓得这锅饭就要蒸好了。弯下腰去，把还在烧着的柴禾拨出来些，敲打几下灭了明火，复又站起来，顺手在上衣腰间两侧擦了擦，便一把抓住锅盖，却又不掀开，要让那慢火再煨上一会儿，只等得围观的娃儿们着急得不禁要鼓噪起来，才一把揭开。

那沸腾的水汽轰的一声，由锅里向四周喷来，那帮娃娃，被这热风呛得鼻子火烧火燎的，整个脸庞都湿了，却不愿散开，待热气稍减，便一个个凑上前去，贪婪地吸着那糯米饭的香气。

妇人拿过来几只碗，分别盛了一小勺，又洒上些白糖，娃娃们如愿以偿地得到了的美食，兴高采烈地四散开了。

剩下的却是主妇的手艺了，一大锅糯米饭，倒进了直径足有四五尺的大竹箩筐里，扒拉开来，等稍凉了，把酒饼捏碎成粉，洒在糯米饭上，再搓揉均匀了。

再抬来大瓦醒，把拌好的糯米饭好生的摆放进去，又在中间挖个洞。末了，把醒口用布封住，用绳子扎了几圈绑得严严实实，再抬回房间的一角，或许还要拿来一两床破旧的棉被，覆在瓦醒上面。

过得些时日，妇人来到瓦醒跟前，小心地解除了酒醒的包裹，还没来得及把一圈一圈的绳子松开，一小撮醇厚的糯米酒香已迫不及待地从醒口溜了出来。

这时却是妇人最紧张的时刻，忐忑着把盖在醒口的布小心掀开，酒气顿时占据了整间屋子。

原本懒洋洋地坐在一旁小靠椅上的男人，竟直起了身子，脱口说一声“好酒”！

妇人脸上瞬时便绽开了一朵花。这朵花，隐隐绰绰的，又倒影在了那酒醒里。

酒醒里的糯米，已经发酵变软，从糯米里渗出的琼浆玉液，填满了中间挖开的洞，清清盈盈，又稠稠密密——这便是兴宁糯米老酒的“酒娘”了。

妇人拿来一个长长的柄的勺子，探进醒里，舀出来一碗，自己却不肯先尝，递给了男人。

男人一口吃下了大半，咕咚咕咚吞了下去，咂了咂嘴，却不说话，只把腰往小靠椅后慵懒一弯，做一个舒服的伸展姿势，长长地从鼻腔里嗯了一声。

妇人便一把夺过碗，抿了一小口，也是不说话，用舌尖细细地舔了舔嘴唇，不一会儿，两颊就迅速地绯红了。

糯米酿成的“酒娘”，可算是兴宁老酒的原浆，萃取了粮食的精华，既稠且甜，只需吃上一碗，便足以使得人甜蜜得连嘴都张不开了。妇人们便依各自喜好，再往酒醒里兑上或多或少清且洌的井水，井水混和了“酒娘”，再兼着糯米酒饼的继续发酵酝酿，不消多少时日，便都化成了酒水，糯米也成了醪糟，用纱隔了，把酒水倒了出来，用大瓮小瓮装好，再添上红粬粉，红粬是天然的染色剂，好让老酒泛着一层暗红的光华，看上去就透着一团喜气，红粬本身也是药食同源的好材料，最能正气养胃，与酒水一道，更是滋养人。

选个晴好的日子，把大瓮小瓮搬到围屋前的禾坪或空旷处，用谷壳将瓮围将起来，取禾秆点着火引燃了，待瓮里的酒水差不多沸腾了，便不再添加火势，只使谷壳长时间的缓慢地燃着，保持有足够的温度，温和而持续地炙烤着酒瓮。酒水在瓮中再一次升华、醇化。经过炙烤的酒水，酒质不至于寒湿，且谷壳和禾秆的天然味道，也随之渗进瓮里，令酒水别有一番风味。经过炙烤过的糯米酒水，便可以正式称得上“老酒”了。

此时，谷壳燃烧出的烟便盘旋而上，升到了围屋的上空，混合着酒瓮里的香气，飘散到方圆几里之外，便吸引住了站在田野的那一头，远远的望过来的你了——你方才看到的，你方才闻到的，便是这烟霞了，便是这酒香了——还迟疑什么？还不赶紧的，快快进去那围龙屋里，去讨一碗老酒来吃？

嗯，在兴宁，酒不是“喝”的，是“吃”的。

兴宁方言中，“吃”这个动词，涵盖了普通话中的好几个动词的含义，几乎凡是跟嘴有关的，都叫做“吃”。吃饭固然是“吃饭”，喝茶是“吃茶”，就连吸烟也叫“吃烟”，那么饮酒，当然必须得是“吃酒”。

“吃”酒，无论是听起来，还是看上去，都比“饮”来得直爽和痛快。

炙老酒的场面盛大，如火如荼。
（何志林／摄）

再者，这老酒本来就是糯米酿成，米的所有营养都融在这碗酒里了，所以兴宁人常挂在嘴边的一句话就是“酒中有饭”，理所当然的，“吃酒”便有了其另一层的道理——你若是不信，大可以捧起一碗老酒，咕咚一声下去，然后，就算你上山砍柴、下田种地，直干上半天的活，也不至于觉得饿呢！

兴宁老酒，酒度偏低，酒精含量大抵只有十几度，平常人吃个两碗三碗的并不在话下。但你可千万不要小看了这老酒，老酒可醉人哩！不知有多少远道而来的客人，就倒在这的兴宁老酒上了——客人自恃酒量了得，又架不住主人的一番美言好意，且这老酒吃进口中醇美甘甜，吞入肚里心里暖和，不知不觉间便放松了警惕，多吃了几碗——老酒吃多了，非醉不可，且是醉倒便躺，躺倒便睡，浑身松软，一醉到天亮。

可是请你放一万个心，真正的兴宁老酒，都是纯粹的糯米酿成，决不会有这样那样添加的东西。醉是醉了，头却不疼，口也不干，只舒舒服服懒懒洋洋的让你睡上一个好觉，次日醒来，你就只记住兴宁人的感情，却决计不会伤着自己的身体。所以客人来到兴宁吃老酒，大可但求一醉，越醉越好，吃嘛嘛香，身体倍儿棒。

正因兴宁老酒有如此养身之效，因此在兴宁，老酒不单是待客之上品，也是兴宁人逢年过节、日常喜庆的必备，在宴席上倒上一碗老酒，红扑扑、热腾腾，未吃先已迷离。入口平顺，醉意绵长情也长。

远来的客人喝起老酒来，可千万不要小看了兴宁的女人。论起吃老酒，兴宁的女人的酒量可不亚于男子——试问哪个兴宁女人在坐月子的时候，没有喝掉几瓮老酒呢？老酒不但是女人补身之珍品，也对女人美容养生极有好处。刚刚生完小孩的兴宁女人，必定要吃上一个多月的鸡炒酒——用农家鸡，就着大块的姜，炒到七分熟，便将一坛老酒倒进锅里，焖煮一番。

在坐月子期间，等闲的也怕要吃上百来斤老酒，所以，兴宁的女人，在老酒的酒气熏陶下，大都珠圆玉润，体格健壮，绝少见到如林黛玉般风吹欲倒的，性格也因此大多外向而泼辣，下得厨房，出得厅堂，出得起门，当得起家。

有一个喜好红酒的朋友，曾经有一段时间，见了面便不厌其烦地向我科普红酒的知识，什么葡萄的产区，生长的年份，采摘的方法，酿造的工艺、窖藏的环境……最后的总结就是红酒是世界上最奇妙的酒，每一瓶都有独特个性和品味。

听得多了，我嘿嘿一笑，也不多言。找个机会，把他请到了兴宁老家，倒了几小碗老酒，让他逐一品尝。

第一碗入口，朋友由衷赞道：此酒入口柔顺，甜而不腻。

第二碗入口，朋友有些惊奇：此酒甜味稍淡，酒劲浑厚。

第三碗入口，朋友异常欣喜：此酒有一种异样芳香，实在难得。

将几碗酒都一一尝过，他便急不可待地问："这些老酒从表面看都差不多，为何味道和风格迥异？"

——这却正是我想要的效果，便摇头晃脑地向他讲授起兴宁老酒的神奇之处。说："你吃的这几碗都是我家乡的几个亲戚用糯米酿的老酒，如同用葡萄作原料的红酒，不同的原材料和酿造工艺，其口感、颜色、香味都千差万别；用糯米作原料的老酒，也是不遑多让，糯米的品种、当年的气候及收成情况、蒸的软硬程度、酒饼的优劣、井水的清浊，甚至炙烤时间的长短，发酵时期的天气变化，都会令到酒质有所不同。"

一千个人做的老酒就有一千种味道。
（何志林／摄）

“而每一醒老酒的最大不同，还在于酿制老酒的人的不同。不同的人，不同的喜好，不同的性格，甚至酿制时的心情，都会影响了这醒老酒的风味，不同的人酿造的老酒，便都带有强烈的个人风格，有的浓烈、有的清新、有的郁香……”

就拿这位朋友大加赞赏的有着一种异香的那碗老酒来说，其实是用来酿酒的瓦醒使用的年头比较久了，缝隙较多，在用谷壳炙烤之时，烟味渗入甚多，令得酒里有一种禾杆的味道，又恰好是这位朋友所喜欢的风味——这种味道因人而异，有人吃不习惯，有人却喜之如甘饴，这跟臭豆腐、榴莲，却是同一个道理了。

每年，好些个亲戚，都会送来一小醒自家做的老酒。我常常会摆上几只碗，分别倒上，逐一品尝。久而久之，我甚至能分辨出哪一碗酒，出自哪一人之手。所以，老酒喝得多了，只要你端起一碗老酒，便简直可以猜透做这老酒的兴宁人的不同手艺和风格了。

自此，这位朋友终于不太提他的红酒了，反而常常要向我讨碗老酒来喝。我有时也打趣地说为何不继续钟情他的红酒，他一本正经地说：“兴宁老酒，多变而多情，堪比法国波尔多的红酒，值得一品再品。”

我哈哈一笑，转身倒上一碗，让他一偿所愿。

酿造糯米酒，不止兴宁人，很多地区都有风俗和传统工艺。只不过在别的地区都笼统称作“糯米酒”，或是“客家黄酒”，唯有兴宁人给取了一个特别的名字：“老酒”。

我曾经考究为何兴宁人要把这糯米酒唤作“老酒”，可惜不论是酿酒

请吃一碗老酒吧。
（何志林／摄）

的农人，或是地方上的老学究，都没能给出令人信服的答案。

我只好自已揣测了。老酒，老酒，这如此独特的名字，究竟蕴藏着什么含义呢？

难道说兴宁人的先祖预知了后生们注定四处奔走闯荡，便酿成如斯好酒，好让寄居他乡的游子永远记得，有一分情意，如酒般香醇，有一分寄托，联结着老家。老酒，老酒，莫非说的是老家的酒？

难道说老酒的酿造，经过一代又一代的口授心传，甚至只能意会，不能言传，只有经验老到，才能酿出这醉倒世间之人的尤物？老酒，老酒，莫非说的是老到的酒？

难道说要做一醒老酒，绝来不得半点的花巧，只能用好的糯米，好的酒饼，本本分分去做，如果想走什么捷径，是决酿不出好酒来的。老酒，老酒，莫非说的是老老实实的酒？

那就为这兴宁老家的酒，请吃一碗老酒吧！

那就为这酿造老到的酒，请吃一碗老酒吧！

那就为这老老实实的酒，请吃一碗老酒吧！

迎花灯，是“赏灯（响丁）节”绝不可错过的重头戏。
（叶耀华／摄）

独有兴宁赏灯（响丁）节

在“赏灯节”里，从妈妈的怀里，被前来贺喜的一个个嘉宾抱起、逗玩、祝福、寄语，便是他向亲朋族人的正式亮相——从此，他的人生，便有所附着，对家族、对社会，也便要有所交代了。

除夕闹春，再接下来是相互拜年串门，到了初六初七，当其他各地的热闹气氛逐渐淡去，此时的兴宁，却迎来了最激动人心的节日。

从正月初八算起，一直到正月十八，在长达11天的时间里，几乎就是兴宁版本的“狂欢节”。在此期间，远方的客人，只要你听到哪个村落传来了锣鼓声，只要你看到哪座围龙屋里摆开了宴席，那就径直闯进去吧，好客的主人定然会请你吃上一碗老酒、几角酿豆腐，还有地道的兴宁家常菜。当然，你收获的，绝不止是吃吃喝喝那么简单，在不同的村子里，你还能领略到各有不同的风情：张灯结彩、舞龙舞狮、烟花炮仗自不必说，更有那让你耳目一新的请花灯、烧烟火、竹马舞、孔明灯、火把游行、山歌文艺表演……

元宵的汤圆端午的粽、中秋月圆柚子甜、重阳狗肉冬至鸡……但凡中国的传统节日，好热闹的兴宁人是一个也不会拉下的。而独有“赏灯节”，可谓是兴宁最为特别的一个节日，即便同属客家的其他各地，也再没有这样别具一格的节日——这个节日，与兴宁流传600多年的“花灯”设计制作产业结合在一起，已经成为兴宁民俗文化中极具标志性的重要组成部分，也成为兴宁的非物质文化遗产保护项目。

在兴宁人的心目中，“赏灯节”享有所有节庆中最隆重的欢庆规格，在家的固然是早早张罗着宴席和迎花灯的各项事宜，在外的不远千里也要赶回来祖屋参与佳节盛会，连带着近几年还兴起一股潮流，纷纷带上外地朋友一起回来感受“赏灯节”的热闹气氛。

说到这里，聪明的你或许会有疑问：这赏花灯，不就是元宵节该干的事情吗？怎么你们兴宁人就凭空多出来个“赏灯节”？

——嗯，这便关乎兴宁民风民俗的传承和变化了，这便是兴宁“赏灯节”的独特魅力所在了。

赏灯节宴席上地道的兴宁菜，
让远来的客人大快朵颐。
（邱文先、黄镜亮、杨传健、黄承伟／摄）

虽然实在没有什么确凿的证据，但我仍固执的认定，兴宁的“赏灯节”，本就脱胎于元宵节——且允许我作一个自以为是的推测吧。

兴宁的先祖由中原南迁，自然把原来的节庆也带了过来。因此，最早的客家先祖来到兴宁的时候，过的还就只是元宵节。“赏灯节”这个叫法，或者是因为元宵节的传统风俗是赏灯猜谜，而作为元宵节的一个别称。因此，在最初，兴宁的“赏灯节”其实就是元宵节。

然而，现在兴宁人过的“赏灯节”，不论从形式和内涵上，都与元宵节大相径庭，已经很明显地演化成了两个不同的节日。

首先是时间上的差异。虽然兴宁的“赏灯节”时间，也是在元宵节的前后几天，但却有本质的不同。元宵节是有固定日子的，所有人都在农历的正月十五这一天过节同庆；而“赏灯节”的日子却是没有固定的，每个姓氏、每条村落，过“赏灯节”的日子都不同。由农历的正月初八开始，一直到正月十八，都有人家过这个节。

大抵的原因，是因为客家先祖来到兴宁，从初来乍到，到站稳脚根，开始繁衍发展，婚嫁联姻，散落居住的范围越来越大，而一年到头又各自忙于耕作，亲朋戚友间很少有机会聚在一起。于是，聪明的兴宁人，便把元宵节从固定的日子，巧妙地分成了十几天，每个围龙屋，每个家族，都选择某一天作为自己的“赏灯节”。趁着刚刚过了年，又还没到春耕的空闲时候，互相走动走动，串串家门，访老问幼，这便慢慢地由一天的元宵节而变成了延续十几天的“赏灯节”了。

这样一来，“赏灯节”和元宵节，便一分为二，成了两个节日——只是，如今在兴宁，元宵节的影响力和庆典规格，却不及“赏灯节”的十之一二——当然，如果某个村落或家族的“赏灯节”，也恰好是在正月十五，便双节合一，喜上加庆了。

听了兴宁“赏灯节”的起源，也许你会不屑了：这“赏灯节”又有什么特别的？不就是把一天的元宵节分开十几天来过嘛。

如果只是时间上的错开，那“赏灯节”似乎也真的不怎么值得说道的，然而，“赏灯节”虽然源自元宵节，但在兴宁本土文化的发展和本地民俗的形成中，已逐渐改变和丰富了节日的内涵，已然成了兴宁人独有的新的节日，虽然“赏灯节”和元宵节都有一个共同的特点是赏灯，但其含义、形式，也已完全不同了。

在兴宁话里边，“灯”与“丁”是同音的，在“赏灯节”这一天，兴宁人其实并不仅仅是赏“灯”，而更重要的却是赏“丁”。“丁”，是新生婴儿，特指新生的男丁。

——遥想那久远的年代，兴宁人的先祖们，从中原落魄而来，一路奔波来到人地生疏的天南一隅，生存尚且不易，即便勉强收拾心情，按照原来的传统，过起了“赏灯节”，却哪还有闲情逸致，去附庸风雅，去赏什么灯？猜什么谜？

而新生的男丁，才是眼下最有盼头的——战天斗地，最需要的就是新添的劳动力；生息传承，最需要的就是人丁兴旺——为今之计，赏灯已成过往烟云，赏丁才是乐事一件也。

遂抱出当年出生的婴儿，召集族人亲友，传而赏之，为新的男丁祈福，盼望他快快长大，可以承先继祖，传接香火。

那原本用于观赏猜谜的灯，也便被精心制作成了花灯，挂在祖屋祠堂之上，一个花灯就代表一个男丁——看到了“灯”，就看到了“丁”，就看到了未来，就看到了希望。

更巧的是，兴宁话中“升起”、“挂起”的动作叫做“响”，与“赏”又是同音，因此，“赏灯节”，也被叫做“响丁”节——把代表男丁的花灯高高挂起。自此，兴宁的赏灯节，便以“赏灯”为名，行“赏丁”之实了。

每一个兴宁人，都对“赏灯节”有着特殊的情感，因为他的内心中，他的基因中，他的潜意识里，会时刻感受得到“赏灯节”不同寻常的意义——“赏灯节”就像某种宗教上的洗礼，那是一个仪式，那是一个宣告。每个兴宁人，特别是兴宁男人，如果说呱呱坠地时响亮的哭叫声，是来到世上的自我独白，那么，在“赏灯节”里，从妈妈的怀里，被前来贺喜的一个个嘉宾抱起、逗玩、祝福、寄语，便是他向亲朋族人的正式亮相——从此，他的人生，便有所附着，对家族、对社会，也便要有所交待了。

赏灯节，可算是兴宁人最为隆重的一个节日，在某种意义上说，甚至就连全中国公认最重要的节日——春节，似乎也有所不如呢。

春节嘛，普天同庆，全天下都洋溢着欢乐，但也就没有什么太特别的。大年初一至初三，兴宁人无非就是吃几顿好饭，看看电视，打打牌什么的。

不过赏灯节可就不同了，特别是上一年中家族里添了小孩的。春节一过，就开始书写请帖，再不济也要口头郑重通知，邀请远亲近邻。又忙着置办酒席，老家的围龙屋里，还要请人赶制花灯——“请花灯”，是赏灯节那一天的头等大事。

花灯代表着新生男丁，大都制作精美，色彩鲜艳而浓烈，而且个头都非常大，远超一般的灯笼——有多大呢？在灯的内笼藏个人是绝不成问题的，在请花灯的时候，需要两个甚至四个成年人才能稳稳抬起。

花灯一般呈八角型，寓意八方来财。以竹片为骨架，外层糊纸，再贴上各种不同的喜庆剪纸图案，配上虎虎生威的头角饰件，写上些财丁兴旺的吉祥词句，红的绿的黄的颜色簇拥着，看着便觉着喜庆热烈。

接花灯特别热闹。接花灯时，必定选几个七八岁十来岁的男童在前面领路，整个围龙屋的人，不管亲疏，只要有空闲，便齐齐参与，从花灯作

兴宁制作花灯的历史有600多年，
被誉为“中国花灯之乡”。
每逢赏灯节临近，
花灯作坊的师傅们便忙个不停。
（王科、陈狄青、佚名／摄）

赏灯节最常见的是舞龙舞狮，
更有火把游行、舞竹马、烧烟火
等比较特别的庆祝形式。
（王科、张唯平、陈作新／摄）

坊里抬着精心制作的花灯回到围龙屋。有更热闹的，还要从后门走出围龙屋，然后按照事先设定的线路，在方圆几里至十几里绕一大圈后，再从正门回到围龙屋，高高悬挂在祠堂栋梁之下。

请花灯的路上更是极尽热闹之能事，除了一大群人抬着花灯眉飞色舞之外，还会请来两条九节的舞龙跟着。每条龙各需九人，随着锣鼓钹铛的敲打声奋力舞动，宛如矫龙出海。另有专人负责一路燃放鞭炮，炮仗声从花灯走出围龙屋，到转了大半天回来，直至把花灯挂起来，都不会停息。

于是，十里八村的，便都来围观，指指点点交头接耳，便知道了哪个村又多了个男丁了，便从此记下了这个娃娃姓甚名谁——不定十几二十年后，便成了大人物呢。

在旧时，赏灯节，只为男孩而设，女孩是没有资格的。但如今，传统观念已大为改变，男孩女孩，一样是宝贝疙瘩，一样是心头肉，一样是希望，一样是骄傲。因此，除了接花灯这个形式，还是男丁的专属之外，其他的喜庆形式和程序，也就一律男女平等，一样的锣鼓喧天，一样的大宴宾客。

接到邀请的亲朋好友陆续来到，送上白糖、小孩衣服、长命锁、银福牌等各式礼物，母亲从里屋抱出今天的主角——小娃娃如果生在农历的年尾，距赏灯节不足一个月的话，是要待到次年才过赏灯的——所以，过赏灯节的娃娃，一般都是从满了月到一周岁多——这个时期的小娃娃，最是讨人喜欢。

这个时候，该是娃娃的父亲或祖父，出来进行一番演讲了。内容不外乎是欢迎宾客们的到来，介绍小孩的情况，啥时候出生，取了什么大名，又有什么小名，名字里有什么丰富的含义，如此这般，等等等等。

宾客们一个个趋向前去，端详小孩的相貌，捏一捏嫩嫩的脸蛋，或者

赏灯节的宴席，一般在围龙屋的中厅。
如来宾众多，又可移步禾坪，或围与围之间的走廊，
甚至在门前池塘边搭起大帐，场面盛大，喜气盈门。
（何志林、邱文先、黄镜亮／摄）

抱在怀里亲上一口，再由衷地赞叹一番，祝福一番，又取出红包一封，象征性地放到了小孩胖乎乎的小手丫里握了一下，便交由母亲或祖母代为收下了。

如果宾客众多，这样的场面往往持续很长时间，有些小孩不安分，哇哇地大哭，响亮的哭喊声又是引来宾客一阵议论，说这小子中气十足，必能成大事也；抑或一不小心地在某个长辈怀里洒了一泡尿，除了引来众人大笑一番外，被浇了一身的，不但不恼，反而兴奋地说是这是福气，福气啊。

赏灯节的酒席一般设在围龙屋的中厅，有些人气旺家族大朋友多的围龙屋，来的宾客实在太多，便沿着屋前半圆的水塘边，平整了土地，临时搭起了蓬，形成一个弧形的露天长廊，几十围台依次排开，阵容鼎盛、杯盘交错。在一片祥和喜庆中，宾主相敬、酒过三巡，大人们兴意正浓，或高声过桌劝酒，或低声密友私语，那些个半大不小的小孩儿，扒了几口饭菜，便已按捺不住地跑去禾坪，三三两两的找到玩伴，长辈们此时却是宽容和放纵的，一边继续把酒言欢，一边远远的隔着水塘，笑看他们在禾坪的各种闹腾。

赏灯节除了丰盛的宴席，必不可少的是各样的表演和庆祝活动。最常见的当然是舞龙舞狮，相比起其他日子，这舞龙舞狮的师傅们，在赏灯节上，更是打起十二分精神，卖力地将龙舞得格外传神，将狮舞得格外灵动，引得叫好声连连，炮仗声响彻。时有宾客喝了几碗老酒后，一时兴起，便自告奋勇，接过龙尾的棒，又或是顶着大大的狮头，依葫芦画瓢，自娱娱人。然而酒不醉人人自醉，跟不上锣鼓的节奏且不说，在专业的舞龙舞狮的师傅们的衬托之下，更显得步履蹒跚神态可掬，一不留神一个踉跄，必然又引来大家一阵大笑，气氛更为热烈而融洽。

宁新长兴围的赏灯必备节目则是“烧烟火”。每逢正月十四，在高高的烟火柱上挂上“烟火”，“烟火”呈圆柱状，烧起来会分层自动脱落，每层都有不同的图案，主要是才子佳人、八仙过海、仙女下凡等吉祥故事人物，每层约烧 5 至 10 分钟。烧烟火时先以敲锣开场，然后击鼓，根据烧烟火的进度来决定鼓板和速度，节奏和谐动听，直至最后烟花四溅，鼓点也随之进入高潮。击鼓者全神贯注，身体左右舞动，摇头晃脑。现场的炮竹声、欢呼声、笑声连成一片，鼓者生龙活虎，观者如痴如醉，火树银花撒满整个天空，非常壮观。

“赏灯节”，每个人都能找到不同的欢乐，如果嫌锣鼓喧天烟花炮仗有些吵闹，那么去放孔明灯吧，一定是你喜欢的。在禾坪上，几十只孔明灯同时点着，红通通的蜡烛光将孔明灯纸面上大家写下的各自对美好未来的祝福语照得格外清晰。随着一盏盏灯冉冉升起，又在屋前的池塘上形成无数的倒影，这火红的颜色跟古老的围龙屋的黑瓦白墙相互映衬，你仿佛穿越到哪一个古老的年代，一时间，你也分不清究竟是现实还是梦境，只觉得这一切都太奇妙，太完美。

…………

就这样，一直闹着，一直喝着，一直到了子夜时分，宾客们才尽兴了，相扶而归。

当然的，肯定会有人醉倒，那，且住上一晚吧，反正，在这个夜晚，要的就是尽兴，要的就是欢乐！因为，这是兴宁独有的“赏灯节”，这是兴宁版的“狂欢节”！

成百数十盏孔明灯交相辉映，
寄托着美好的祝福和祈愿。
（谢育祥、崔月林、周勇明、王科/摄）

酿豆腐是兴宁家常菜中最具代表性的，
无论是大小宴席，还是日常三餐，都有它的身影。
（林东／摄）

酿豆腐与家常菜

酿豆腐可算是兴宁家常菜中最具代表性的。回到兴宁而没有吃酿豆腐，基本上等于没回家。

回到兴宁，一个重要的主题就是吃。

在外求学的学生们，在学校的食堂里挨了一个学期，无滋无味不汤不水的，一回到家，自然便活脱脱如饿鬼投胎；在外打拼的兴宁乡贤，即便餐餐山珍海味顿顿酒池肉林，终究最怀念的还是那打小熟悉的家乡菜味道；更别说远来的外地客人，如若不尝一尝地道的兴宁家常菜，怎么对得起自己的味蕾，又怎么算来过兴宁呢？

这些年，客家菜在都市里声名渐起，打着“客家菜”招牌的餐厅大行其道，然而菜式却总是因应当地人作了变化，迎合了当地的口味，美其名曰取长补短、改良结合，却偏偏把客家菜最鲜明的特点给“改”没了，显得不伦不类。一些未曾接触过真正客家美食的食客，吃了几回，便不以为然，认为客家菜也不外如此。

所以，想要朋友们品尝真正地道的客家菜，还得把他们请到家乡来。要让远道而来的客人知道知道，原汁原味的兴宁家常菜，究竟是什么味道。

兴宁的家常菜，有着与其他各地的客家菜一样的几个明显特点：其一，口味偏重却自成独特咸香风味；其二，烹饪方法简单却色香味俱佳；其三，食材普通却胜在天然新鲜。

兴宁人烹调家常菜，往锅里下的盐巴相对会多一点点，我想这是长期的习惯使然，是跟兴宁人从前的生活状态有关系的：当初客家人先祖为了改变命运，战天斗地，吃苦耐劳，要么上山，要么下田，一天下来，劳动量很大，流汗使体内的盐分大量流失，因此，在做菜的时候，便自然而然的要多放些盐。当然我也还听说有另外一个解释，说是从前兴宁人家里大

到兴宁的朋友家去做客，
家家都有一两道特色家常菜，
保管让你惊喜连连，食指大动。
（王导、佚名／摄）

多数都很穷，家里不可能做很多的菜来下饭，只好在菜里多放些盐——不管是哪种解释吧，总之，兴宁菜比起粤菜淮扬菜来说，稍稍偏咸，是事实，却也成就了兴宁家常菜的一个特点，就是咸香味浓，一尝不忘。

兴宁家常菜的烹饪方法一般都很简单，无非是煎、炒、炸、煮，放的配料无非也就是姜、葱、蒜。随便到一个饭馆点菜，看一看菜名，也很是朴实明了，只在菜的材料前面加上烹饪的方法，比如“炒猪肚”，“蒸肉饼”，“焖鲩鱼”，“煲鱼丸”……让你看着就放心，决不会有“蚂蚁上树”、“二十四桥明月夜”等听来云里雾里吃完一结账让你傻眼的菜名；菜端上来，这是鸡肉做的，那是猪肉做的，也是一目了然，决计不会有吃进肚子里还在猜测自己吃的是什么的情况；菜的分量也十足，决不会让你在一大堆青菜里头挑肉丝，更断断不可能像烟雨江南的点心那样，吃了十几道还填不饱肚子。

从附加值的角度看，兴宁的家常菜，是卖不起什么好价钱的，因为做法既不复杂，亦不太懂得弄些雕花贴盘装饰一番，也不装神弄鬼的起个花哨的名——这就是兴宁人做的家常菜——菜如其名，菜如其人。

既然在烹饪的技巧上没什么太大的讲究，可为什么我们一回到老家，总觉得饭菜就特别可口呢？大概除了乡情所系之外，不外乎是家乡的食材，没有污染，也不速成，都是土生土长，实实在在，地地道道。

其实兴宁人用来做菜的食材非常简单，基本上就没有什么像鲍参翅肚那样特别矜贵的，无非就是兴宁人整天挂在口头的“猪肉鸡里鱼里豆腐”——不过呢，这鸡，是能吃出鸡的味道来的，这鱼，是能吃出鱼的味道来的——仅此一点，已经可以让都市里的人羡慕得要死了——更别提那重重叠叠的山里面那天生天长的木耳和冬菇了，更别提那清清河里野生的虾和蟹了。

酿豆腐可算是兴宁家常菜中最具代表性的。回到兴宁而没有吃酿豆腐，基本上等于没回家。

客家菜里但凡出现个“酿”字，必是将荤菜夹到素菜里——酿豆腐、酿辣椒、酿茄子、酿苦瓜皆是如此，其中又以酿豆腐有着最好的营养搭配：豆的蛋白质和肉的脂肪，是绝配。

不要小看酿豆腐这一道菜，它可在一定程度上体现了客家人的历史文化的延续和变化。客家的酿豆腐也好，酿三宝也罢，其实都是起源于饺子。当客家先祖从中原北地来到如今的南方客家地区，鉴于此地并不特别适合大麦小麦的种植，想吃一顿在故地的饺子而不得，唯有另觅食材，用豆腐来代替了饺子皮，却不料神奇般地另铸一味饮食佳作。

客家各地我也去得不少，自觉酿豆腐最好吃的，就数兴宁和五华了。梅县周边及河源一带的酿豆腐，只是把肉平放在豆腐的表面粘上而已，浑不似兴宁酿豆腐，是把肉塞进了豆腐里面，让肉和豆腐彼此充分吸收各自的味道和营养。

酿豆腐要好吃，首要条件是豆腐要好，豆腐好不好，有句话叫“三分豆、七分水”。兴宁的豆腐，以大坪镇为佳。大坪镇用来制作豆腐的豆，是青皮黄豆，磨出的浆浓、香、滑；用来做豆腐的水，更是一等一的活水好水，再加上豆腐作坊师傅的老到经验和娴熟手艺，使得大坪镇出品的豆腐，又滑又嫩，入口即化，是人见人爱的抢手货——天还未亮，从大坪镇到兴宁城里的路上，就可见一辆辆的摩托车和汽车源源不断地载来一盘又一盘的豆腐，分散到了城里的菜市场，三两下也便卖个精光。到了年节，更是紧俏得很，不提早个三天五天预订，根本买不到。

酿豆腐的馅料，需选肥瘦各半的农家土猪肉，如果要按我个人的喜好，

酿豆腐必须有好豆腐，
兴宁豆腐又以大坪镇的出品为最佳。
（王导 / 摄）

肥肉还得占到六成。将肉混合着剁碎，分寸可得掌握好，既要剁细成丁，又不能太碎成糜，使之既能融味以豆腐中，又能保持一定的咀嚼的口感。肉剁好后，加上适量的木薯粉搓匀成馅，根据各人喜好，也可加上些鱿鱼或冬菇作为佐料搭配。

把肉馅塞进豆腐，看似简单，实则是一门很高深的功夫——虽然兴宁每一家的主妇都是个中高手，但那都是长期训练有素的结果，冒冒失失的你，如果也想要露一手的话，多半是以失败收场的——水嫩的豆腐，吹弹即破，一块本就不大的方形的豆腐还要切成两半，成长方形，或呈三角状。小心翼翼地用左手把豆腐拿在手上，尚且担心捏碎了，还要右手用筷子在豆腐中间一插一夹，划拉出一条细细的缝来，这劲道必须恰到好处，不然手上的豆腐就全碎成一堆了。再将左手的拇指食指围拢，将豆腐稍稍前后挤压，便出现了一个圆圆的窟窿，再用筷子夹起肉馅，轻巧地塞将进去，便又将豆腐撑得鼓鼓涨涨，复成了四方形——肉馅的量也得恰到好处，少一分则卖相不好不够饱满，多一分又会撑破了豆腐。

酿好的豆腐，肉馅被豆腐包裹得严严实实，面上还稍稍地隆了出来，而底部应该是平整的——这就得看酿豆腐时筷子划拉豆腐和塞肉馅的功夫了。最佳的状态是：豆腐的底层好像只剩了一层皮，似穿还未穿，却可隐隐约约地看到馅。

支起油锅，最好是猪油，把酿豆腐底面煎成金黄色，里面却未完全熟透。待到准备开餐了，才拿出瓦煲，先淋一层油，再以生菜垫底，最后将煎得半熟的豆腐一块一块地码好，放些许水，最好是猪骨高汤，用大火煮沸。

端上桌，掀开瓦煲的盖，眼里看到一阵烟气缭绕，鼻子闻到一阵豆香肉香，耳朵却听到汤汁还在吱吱地响着。此时，须快手将一把葱花洒在上面，顿时烟气稍减，却只见青的葱黄的肉白的豆腐，真真是色香味俱全了。

终于到了要吃酿豆腐的时候了，这时倒是考验你筷子功夫的时候了，若是功力稍显不足，要么是总也夹不起来，要么就生生地把豆腐给夹断夹碎，只剩肉馅，那都是大煞风景的事。

兴宁人的酿豆腐，要想好吃，有个三字诀，讲究的是“肥咸烧”：肥——油要多，油多则滑；咸——盐要重，盐重则香；烧——吃进嘴里的时候温度要高，凉了可就失却一半的风味了。

——可是，俗话说，心急吃不了热豆腐。兴宁人，又怎么能把滚烫的酿豆腐吃进嘴里呢？

看兴宁人吃酿豆腐可是蛮有意思的，不管是男人女人，也不管老人小孩，吃酿豆腐都不能太斯文了，否则就尝不到个中滋味——须得从尚在沸腾的砂锅中一筷子夹起，迅速醮上酱料——我最喜欢的是龙田镇的勤益辣椒酱——张开大嘴，在热气未散之前一把塞进嘴里。若是外地客人，这样的吃法，怕是要给滚烫的酿豆腐把整个嘴都烫坏了，可兴宁人就有如此本事，只见酿豆腐在他们的舌头中翻卷着呼啦了几下，再呼呼地的往嘴里吸几口凉气，待热度稍减，即运动贝齿，上下大嚼，狼吞虎咽，吃毕，一边用手往嘴里扇着风大叫烫死了，一边又夹起了另一块——这种场面，你看得一愣一愣的，可你再这样愣下去，那一锅酿豆腐你可就吃不到了——不过就算你吃不到，只坐在饭桌前看兴宁人吃酿豆腐，也算是一种景观了！

各村各镇、各家各户，
酿豆腐的形状、馅料、烹煮略有不同，
却是一样的滑嫩香浓。
（王导 / 摄）

酿豆腐，是兴宁人日常生活中必不可少的一道佳肴，自然也是大小宴席中的常客。然而，据说在以往，有些村镇里头还是有个讲究，酿豆腐唯独在一个场合是不出现的，那就是婚宴。

这却又是为哪般？

原来，豆腐在普通话中，以“只”或“块”作为量词，而兴宁话中，称呼酿豆腐用的量词，就变成了“角”，你常能在餐桌上听到主人招呼“吃多几角酿豆腐”。因此，兴宁也便有了“酿豆腐，角打角”的俗语。兴宁话中“角”与“各”同音，在百年好合的场合，自然是不能让“各打各”的酿豆腐露面的——呵呵，扯远了，这却是题外话，也无妨，反正我有一搭没一搭地说，你有一搭没一搭地听，就当是闲聊吧。

兴宁的家常菜，酿豆腐不过是其中有广泛代表性的一款，之所以特别拿出来闲扯了半天，只因这个菜式对于所有兴宁人来说，都是再熟悉不过了，从小吃到大，从大吃到老，而且几乎可以断言，没有一个兴宁人是不喜欢吃酿豆腐的。

当然，在每个人的心中，都会有一道专属于自己最喜欢的家常菜，像那些艾煎蛋，鸡炒酒，韭菜炒黄鳝、鱼丸煲、田螺煲……哪一样不是光提起名字就能让你舌底生津而垂涎三尺的？

所以，在此我也并不打算给你介绍其他更多的兴宁家常菜了。一来嘛，就算连篇累牍的再写上几万字，也很难做到面面俱到把所有的菜式都告诉你，再努力也只能是以偏概全，何苦做吃力不讨好的事呢？

最最重要的是，既然你都已经回到兴宁了，又还有必要再在这里听我一个人跟你罗里罗嗦的废话半天吗？赶紧的，快快让家里的厨娘，给你张罗一桌家常菜吧！

大坪豆腐选择上好的大豆、清甜的山泉水和优质的卤水，以手工推磨、细布过滤、柴火煮浆、柔慢调制、小块压水等独特的加工工艺来制作，形成了“香鲜嫩滑”的特色。

2013年，大坪镇举办首届“大坪豆腐文化节”，将进一步推广和展示以豆腐为代表的兴宁美食文化。

(大坪镇文化站供图)

兴宁是“中国油茶之乡”，
自明朝起，就有农户种植油茶，采摘茶果榨油。
（王导 / 摄）

茶油翁

我一锄头一锄头地照看好油茶树，它便自自然然地能结出好果子，我老老实实地榨油，那一滴一滴出来的，才是本真本真的好茶油哇。

入冬之后，恰得浮生几日闲，回家乡兴宁城中小住几日。天气又很照应，不乏和熙的日头，便决定到北边的几个乡镇去转一转。

出城北上，过了龙田合水，便开始有起伏不定的丘陵，越往北走，山体便益发厚实高壮，虽不算什么深山老林，也不见多少奇峻险要，却明显地有了峰峦叠嶂的意味，人处于其间，便显得小了。人越是小了，天地越是宽了，心情越发舒畅。

既然没有什么明确的去处，便随意地到了某个镇里，又随意地驶往一条小的乡道，再走上十里八里，路益发小了，只把车停在乡间小路的一侧，沿着一条农人踩出来的曲折的山径，往某个山头走去。

一人独行，最是即兴，自由自在。虽是冬季，然大树小草绿意依然，雀鸟鸣虫活泼不减，在山间行行止止，心旷神怡自不必说。

一山走罢，更有一山，兴之所至，惹花逐草，贪婪于那甘甜的空气，留连于那满眼的青绿，不管不顾的竟然在山脊间走了许久，再回首，竟已不辨来时之路——却不惊慌，毕竟此时日未西坠，远远的也能看到山坳中有一座小小的围屋，该是一处村落吧。

去往那人家的路，却被突然出现的一大片林子挡住——放眼望去，这延绵数里的林子与别的散乱长在山上的树木不同，显得很是规整，靠近前去瞅个究竟：树高约有一丈，叶子厚实，深绿得竟有些接近黑，树上开满了一朵朵白色的花儿，散发一丝丝清香。

这些树，乍一看，无论树干、树叶、花蕾，甚至是树的形状，都跟茶

在罗浮、罗岗、黄槐、黄陂、大坪等乡镇，
油茶种植面积逐年扩大，
已成为兴宁农业的重要产业。
（王导／摄）

花很是相似。

但却不是茶花，平常所见的茶花，是没有果实的——而这些树，竟在花的旁边，挂满了拳头大小的果实。冬日里的暖阳，在这些果子满布微细颗粒却又泛着一层油光的表皮反射过来，柔柔的漫开了或深沉或鲜艳的褐红色。

“这，应该就是油茶树吧。”望着这眼前的枝与叶，花和果，我似曾相识，喃喃自语。

“对喽，这可不就是油茶树嘛”——偌大的山野，突然有个声音传来，着实会令人吓上一跳。只不过，这声音浑厚且清亮，并不令人心慌，反能让人迅速地安定下来。

透过浓密的枝叶间，不远处，约莫两丈之外，一个老翁正伫在一颗树下——那老翁原在林间劳作，由于我太过专注于察看这树木的叶花果，加上树林的枝叶茂密，刚才竟全然未察觉。

那老翁头上戴一顶半旧的斗笠，脸色黝黑，额头上已满堆着一道道的皱纹，花白的胡子和双鬓，看上去怕是已近花甲，眼神却格外锐利，个头不高，却又显得身板壮实。他一只手拄着锄头，一只手却叉着腰，笑吟吟地望过来。

便趋向前去，问道：“老伯，这果真是咱们兴宁的特产，可以榨出茶油的油茶树？”

那老翁爽朗一笑，中气十足：“当然是啦！如果不是油茶树，又怎么会在这入冬的清冷时节，还满挂着累累的果实？如果不是油茶树，又如何会抱子怀胎，果既熟而花又开？”

那老翁出口成章，气度不凡，我不禁心生神往，但见他虽是一身灰白粗布，风吹过时，仍觉衣袂飘飘，仿若神话中的土地山神一般，和善而憨厚。

我问道：“老伯，你刚才说什么‘抱子怀胎’，是什么意思啊？”

“小哥，看来你还真不太了解这油茶树啊。待我说你听，这油茶树，从开花到果子成熟，一共要历经五六个季节的更迭，从第一年秋天吐出花蕾，冬天绽放，再到第二年春天结果，夏天生长，秋天长成，初冬成熟，足足要十四五个月的时间，而果子成熟的时候，下一季的花又已经在果子旁边盛放了，这就是油茶树俗称的‘抱子怀胎’啊！”老翁粗声粗气，向我细细道来。

我朝眼前挂满枝头的油茶果多瞅了几眼：“一般的果实，大半年就可以从开花到成熟了，那些同样用来榨油的油菜籽、花生、玉米，一年都可以收获好几造呢，这油茶结个果都要一年半载的，实在太慢了。”

老翁摇了摇头，拄着锄头正色道：“小哥，你可别嫌它长得慢，它要是长得快，就不矜贵了，就不成我的宝贝了。你想，十四五个月里头，在这没有一点污染的高山之巅，从土壤、阳光、空气、露珠中汲取养分，这可是荟萃了天地间精气神的果子哩，也只有用这果子榨出的茶油，那才能算得上是好东西呐！”

“哦。”我若有所思——现代人太懂得揠苗助长了，越发讲究速度和效率，怕是早就忘了厚积薄发吧。眼前这油茶树，却反其道而行之，经月累年，方得正果——用油茶果榨出的茶油，在古代是专供皇家的贡品，在如今，又被推崇为“液体黄金”，可见其确实弥足珍贵。

经过天然的日光晒干的油茶果核，
再经过碾碎、蒸熟、成饼等程序，就可以榨油了。
（王导／摄）

我又问：“老伯，这片油茶树都是你种的？”

“嗯，不止这些，翻过那个山头，还有更多呢。”老翁手指着远处，笑逐颜开。

“喔，这样说来，你种油茶也有好多年头了吧？”

“我打记事开始就帮着家里种油茶树，算起来，跟油茶打交道已经几十年啦，不过，像这么大规模地种植，还是这几年的事。”

“这油茶果是怎么样榨出油来呢？”我见茶油老翁兴致高涨，干脆一问到底。

老翁从树下摘下一只完全成熟的果，用力一捏，去了表皮，指着里面的几个果核说：“看见没，把油茶果摘下来，取了这些果核，晒干，然后磨成粉，蒸熟，做成茶饼，再上机压榨，就能榨出上好的茶油来了。”

比划了半天，说到兴奋处，老翁把锄头往肩上一扛，说：“横竖没啥事，干脆我们下山去，到我的油坊去看一看吧。”

我大喜过望，连声称好——原来，刚刚在山上看到的那小小围屋，并不是一处村落，而是这茶油老翁的榨油作坊。

老翁大踏步地走，我忙不迭地跟上，不多时，便下了山。离那座小围屋尚远，便有一黄一黑两只土狗窜出来，围着老翁亲热地转来转去，远远地又从屋那边传来“咯咯咯”的声音，怕是母鸡下了蛋在报喜，又或是在草丛中觅到蚱蜢肥虫罢——环顾四周，都是半高不矮的山峦，只这山坳里有几间屋，望着前边这仙风道骨的老翁的背影，耳边鸡犬之声相闻，倒颇有些世外桃源的感觉了。

屋前放着几只大箩筐，大禾坪上，铺满了一粒粒的油茶果核，一个大娘拖着长长的竹耙，在翻动着，好让日头晒得均匀。

“老婆子，快收拾收拾，来客人了。”老翁指着我对大娘说：“在山上碰着这迷路的城里的小哥儿，到家来坐坐。”

大娘停下手里的活，说：“快进屋快进屋，我家可难得有个贵客，天也不早了，就在家吃个饭吧。”

我忙摆手，说不用了不用了，等会还得找路出山去呢。

老翁把手一挥，不容我分说：“小哥我看你就别客气啦，这几天这屋就我跟老伴俩人，你既来了，就是有缘，吃完饭再走，我送你出去，从这有条近道，不远。”转身就跟大娘说：“赶紧的，杀鸡，杀鸡。”

山里人的热情，我是无从推辞的，便不再客套，任由着大娘去捉了那只最肥的鸡。

在客厅里喝了几杯茶，老翁领着我去看他的榨油坊——一个小围屋，倒分得很是清楚，左侧是生活起居，右侧是榨油的工作间——从左侧到右侧，老翁还认真的交待我得换了鞋，再披一件干净褂子。

老翁一一向我介绍，这间屋子是堆放准备榨油的油茶果核的，那间屋子是堆放榨油后的油茶饼的，另一间屋则是沉淀过滤榨好的茶油的，最大的那一间，就是榨油的地方了。

老翁推开门，里面却只摆着两台不大的压榨机器，一台是用人工压榨

这一组利用水力的古法榨油实景照片和历史资料图片，
形成了有趣的印证对比。
生动地记录了从油茶的采摘、晾晒、粉碎、
蒸煮、成饼、压榨、出油等全过程。
（林佛全／摄）

的木枋，一台则是用电力的机器，干脆利落，整洁卫生——只是与我原先设想的有些不同，便疑惑地问：“榨出茶油来，就用这么简单的机器？”

“就是这么简单。”老翁笑着说:“就是把油从油茶果里面用力压出来嘛，一点都不复杂！以前用的是人力，现在用的是电力，要不是这几年自己力气不够了，不然我还是喜欢用那祖上留下来的木枋来榨油呢。”

“光是压榨，出油量不是太低了吗？生产食用油可有好几种方法，不是有一种叫‘浸出法’吗？听说用一种什么化学药水，就可以把茶果里的油完全浸泡出来，产量就上去了，你可以试一试。”我向老翁提议。

“你说的那个法子，我当然知道，可那样出来的茶油，在我看来，就不能算是真正的茶油啦。”老翁对我的建议一脸的不屑：“这油茶果，是上天给我们的宝物，给你拿什么化学的东西这一泡，不白白的糟蹋了吗？再说了，我的茶油，一直都给人当作是最好的礼品，一般的家里都不舍得吃，只给老人家吃，给孕妇吃，给小娃娃儿吃，你想想，我又怎么能用你说的那什么药水去泡出茶油来呢？不能啊，小哥。”

“话虽如此，可压榨过的茶饼里，明明还有油啊，压榨的和浸出的，你完全可以分一分等级嘛，出油量大了，收入也能多一点。”我仍然从经济角度考虑，想与老翁理论理论。

“小哥，你这经济账我也明白。可是我总觉得，茶油就该保证天然不添加，不能瞎折腾。这榨茶油本来是个很简单的活，人的心可不能想多了，想多可就变复杂了。”老翁顿了顿，不等我开口，又说：“几十年了，我一锄头一锄头地照看好油茶树，它便自自然然地能结出好果子；我老老实实地榨油，那一滴一滴出来的，才是本真本真的好茶油哇！”

听得茶油老翁说到这个份上，我暗自敬佩——在这个商业化无处不在的年代，茶油老翁这种坚守原则、取之有道的品格，还真是难能可贵。

恍惚间，我不禁遐想，这山间偶遇的飘然老翁，莫不成就是油茶树的化身？一样的耐得住寂寞，一样的守得住诱惑，一样的经得起寒暑交替，一样的受得了风霜雪雨……

“老头子，快叫客人过来，吃饭啦，茶油鸡炖好喽！”不待我多想，那边大娘已经迫不及待在唤我们过去。

甫一落席，老翁便夹起了一块鸡腿给我，晶莹剔透，异香扑鼻——除了山里走地鸡本身的浓香，更渗出特有的茶油清香，食材都是出自天然本真，一如茶油翁身上的那种纯真本色——这顿饭，还没吃，人就已经沉醉在清新的茶油香气之中了。

兴宁单枞，素有“茶霸”之称。
（王导／摄）

情浓莫过单枞

细心的主人总会知晓客人们哪个好浓茶，谁人喜淡汤，因此，斟茶的时候，手上看似随意，心里却是有数，而客人们，都觉得斟到面前的这一杯茶，总是最合自己心意的。

兴宁人爱喝茶，城中大大小小的茶叶店数不胜数，随处可见，随便找一条长不过百米的街道，也许就有两三家。更不用说那占地2万多平米，容纳了上千家个体经销商的茶叶集散市场“兴宁茶都”了。

俗话说“银行多过米铺”，而“茶叶店多过银行”，这确是兴宁一大景观。更令人讶异的是，这么些茶叶店中，主打的产品，往往就只有一种：兴宁单枞茶。在别的地方红火一时的铁观音、普洱、龙井、大红袍、金骏眉，不知怎的，到了兴宁，虽然也不乏捧场的客人，但却没能掀起大范围的风潮，始终不甚流行。而茶客们去得最多的，也不是哪家装修豪华的茶庄，而就是随意一家简简单单挂出个招牌，写上“单枞”两字的小小街边茶叶店。

一个不大的城，如此多的小店在从事单枞茶的生意，可你却完全不必担心他们的生意。有兴趣的话，你可以观察一下各家店里的老板或伙计，他们总是笑意盈盈——不是那种人一走茶就凉的堆砌出来虚与委蛇的笑，而是那种就算没有客人，也洋溢在脸的详和而安乐的笑——能这样笑的，生意是绝不会差到哪儿去的。

兴宁的茶叶店里头，不像热闹的超市一般，决不会人头涌涌。往往是一拨客人来了，坐下来，泡上一壶，一边品着，一边跟店家天南地北一通闲聊，一边选定了茶叶的等级数量，捣鼓几十分钟个把小时，等到钱货两讫，后脚刚离开了店门，或许下一拨客人就刚刚好赶到，前脚施施然抬步进得店来——你简直要怀疑这些茶客们都暗自约定好了时间，否则怎么会如此有默契地踏准了时间节点。当然，也常有好几批相熟的客人凑在一起的时候，简陋的茶叶店此时也便兼有了茶馆的功能，除了互相品评茶之优劣，摆一摆各人喜好之外，茶客们也常在一起谈论时事，大到中美俄“三国演义”，小至猪肉青菜涨了两元还是几角。若是遇到对某一事件看法有异，甚或分

兴宁街头随处可见茶叶店。
（王导/摄）

歧颇大，却人人竟都能恪守客观中立，叙事争辩显得极有条理，阐述交流间言语表情也颇见风度，是决计不会闹哄哄争得面红耳赤的——这倒有点不太像平日所见的兴宁人风格哩。或许，当大家都有一杯单枞茶端在手上的时候，说话拉理，就会显得特别的冷静和理智吧。

在平常日子里，也许一个上午，就来那么三五个客人。就这么些客人，却也足够支撑一家茶叶店的生意了，盖因客人虽不多，茶叶却买得不少。常常见有人隔三差五的，就到店里几斤几斤的买——自己喜欢喝，亲朋往来又多，茶叶自然消耗得快。也有一次买上十几斤、几十斤的，那肯定是送人的——逢年过节、出门访友、问候师长、拜会领导，送上一两包家乡的单枞茶，既不落俗，又很实在，还带了一份实诚的乡情，实在是一份好礼。

兴宁人爱喝单枞，甚至很多兴宁人，喝茶就只认单枞。

在他们看来，兴宁单枞茶或许是世界上最好喝的茶——这却不是夜郎自大孤陋寡闻。如今的兴宁人可不再是坐井观天缺乏见识的人，他们也尝遍了大江南北、国内国外的许多名茶，只是从他们舌尖喉间的感受而言，龙井太过娇嫩，铁观音单薄了些许，普洱那种陈年气味又不太习惯，若说进口的英国红茶嘛，总是带着些洋气的感觉，少了中国茶的韵味。这么算来算去，唯有兴宁单枞，最为对味——请原谅，他们并无恶意去贬低其他香茗，只是一方水土养一方人，北人好面食，南人喜米饭，如此而已。

兴宁单枞茶，味浓烈，耐久泡。口鼻有百花之蜜香，喉间有生津之回甘。有的人初尝单枞，觉得茶的劲道太足，或许一时会不习惯，然而一旦茶过三泡，便全盘接受了，再品其他茗茶，便觉得寡淡无味了。因了这浓烈雄浑的气质，坊间亦有称单枞为“茶霸”之说，意即喝了单枞之后，便一见钟情，再喝不惯其他的茶了——也许，单枞茶本身的这个特性，也是兴宁人对其推崇备至，始终如一的原因之一吧。

兴宁人离不开单枞茶——农耕者劳作于田间，舞墨人执笔于台前，环境虽大相径庭，相同的是，总有一壶单枞茶相伴左右——农人的茶用大肚壶泡着，斜斜的放在地头，锄地种田累了渴了，便对着壶嘴，咕咚咕咚地来个痛快；斯文人用的是景德镇的小瓷壶，端正的置于案头，偶尔起身踱步，思索良久，不时地斟上一杯，先闻香，后啜饮。

总体来说，兴宁人泡茶的器具不算精致，泡茶的工序也不甚讲究。

在别的地方很是时兴的高档紫砂壶，一般兴宁家庭还是较少使用的，大多数人家还是选择了瓷的茶壶，而且因为来客众多，总得配上十只八只茶杯。兴宁人家里用的瓷壶瓷杯也很少可以见到极品，基本上都是普通的货色——兴宁的茶客自有一番理论：我们的单枞茶是好的，我们山里的水是好的，天下的好事总不能占全了吧，所以，茶壶茶杯嘛，马马虎虎过得去就行了——瞧，这也可算是兴宁人的哲学吧，务实而不花哨，知足而不贪心，幽默而不乏自嘲。

兴宁人冲泡单枞茶，也不像潮汕一带的功夫茶，把茶叶将茶壶填得满满当当的——兴宁人的茶壶本来就比较大，单枞茶的味又浓，只需随意的用手抓上几撮，便足够了；也不煞有介事地用“公道杯”盛着，再来些个文绉绉的“关公巡城”、“韩信点兵”，好让茶水均了浓淡——兴宁人招呼客人，每一个茶杯中，茶色肯定是有深有浅的，肯定不会是平均一致的——那是因为对客人们的情分还有炎凉厚薄吗？错了，错了，这却正是兴宁人待人至诚至真的体现——哪一杯要浓、哪一杯要淡，都在泡茶的主人的心里头——细心的主人总会知晓客人们哪个好浓茶，谁人喜淡汤，因此，斟茶的时候，手上看似随意，心里却是有数，而客人们，都觉得斟到面前的这一杯茶，总是最合自己心意的。

相较于动辄上千元乃至上万元一斤的走红茶叶品种，兴宁单枞的价格显得厚道而实在。七八十元一斤的茶，自饮便可入口；一百两百的，送人已可出手；上了三五百元的，已经算得上是一流妙品了。

每个等级价位的单枞茶，只要你稍稍涉猎其中，还是能比较容易分辨得出价格的差别究竟体现在哪里的——是茶色醇了，是蜜味浓了，是回甘长了……总归，让你知道钱都花在哪里了，让你知道什么是物有所值——不似那别的价格被炒得没了个谱的所谓名茶，同一种茶，就敢分了几十种品名和等级，哄得你云里雾里，价格一报出来，吓得你一惊一乍，待到真正泡上一壶，茶水入得口中，才发觉亦不过如此而已——这个时候，你就更觉得兴宁单枞的好了。

兴宁单枞茶的价格实在，走的却绝非质次价廉的路线。兴宁单枞，是出了名的好茶，出去参加评选，拿个金奖优胜什么的，实在是多不胜数——不单是一些商业的茶展会，就像“农业部优质产品”、“广东省单枞茶类冠军”等含金量极高的荣誉，也早早就收入囊中。

外地的朋友听我说到这里，或许会小吃一惊，还多少有些不相信：你将自家的单枞说得上了天，难不成真是王婆卖瓜自卖自夸？为何我们就从来没有听说过兴宁单枞的赫赫威名？

哈哈，且慢质疑，你们没听过，那就对了！个中原因，不说破似乎云

黄蜂窝茶场里，
高 7.8 米的茶壶和直径 3 米的茶杯，
是一处吉尼斯世界纪录。
（王导 / 摄）

里雾里一言难尽，待我给你梳理梳理，虽然说得不一定全对，或许也就能多少明白几分了。

兴宁的单枞，成名颇早，早在1997年的北京国际茶会上，就获得了金奖金牌，1998年北京国际名茶展览会上，又被推荐为名茶产品。只是当时国人对商业运作还普遍保守，奉行酒香不怕巷子深的策略，因此朴实低调的兴宁人并没有大肆宣传炒作，因此也就一直默默无闻少人知晓了。当然，这样的好处就是价格也没被爆炒得一塌糊涂，让兴宁人时至今日还能以极亲民的价格喝到高等级的好茶。

另一个原因，是目前兴宁的单枞产量其实并不大，兴宁本地人自己就极好品茗，更何况还有为数众多的在外乡贤，虽然离乡寓居，然而日常起居间，仍是对家乡单枞念念不忘。往往用于兴宁人的自饮和送礼，就将兴宁境内每年出产的茶叶消化得一干二净了。因此，在外地，便极少能看得到兴宁单枞茶的身影；兴宁之外的人士，若非有缘，也是极少能接触到兴宁单枞茶的，没有听说过，亦不足为奇了。

回过头来想一想，这样也许不错。如今这年头，给经济一体化搞得确实是有些过头了，什么东西一出名，就要全面铺开，便要上产量，一上产量，便乱开发，乱开发，自然就不能避免有人以次充好，以假乱真，于是反过来便砸了自家招牌。我这么说，可并不是抱有狭隘自私的想法，情愿让兴宁茶叶产业的发展永远停滞不前。我想表达的意思是，有那么多的前车之鉴，兴宁单枞茶的开发，果真能吸取教训经验，注重品质品牌，有序稳健发展，我是一万个愿意看到兴宁单枞的红火风光的。

至于目前嘛，还是物以稀为贵，要想真正品出兴宁单枞茶的美妙滋味，那还得请你的兴宁朋友回乡的时候给你捎上一包；要不，就请你亲自来一趟兴宁吧，让你的朋友请你好好地喝上几杯，让你齿颊留香之余，也好好地回味兴宁人的那一份如同单枞茶一般的质朴情谊和浓烈情感：君子之交淡如宁江水，挚友情浓莫过单枞茶。

相传祝枝山在兴宁为官期间，就喜好品茗，
并留下了关于茗茶的有趣回文句：
可以清心也，以清心也可，
清心也可以，心也可以清，也可以清心。
（王茂东／摄）

墟日里的墟场像过节一般，赴墟也就成了一件很愉快的事。
（王导／摄）

赴墟去

你不用费口舌去论价，就算你跟他理论，一般也不会改价钱，因为卖家就认个死理，在他看来，他的好东西就值这个价，如果你觉得贵了，那是你不识货。

最近十几年的光阴，家乡各个村镇的发展都极为迅速，经济逐日繁荣，民众日渐富裕，很是可喜。

最让我感到欣慰的，是这些小镇的变化，基本算得上是有序而平稳的，还没有极端到以破坏生态和自然作为代价，活在这些小镇，是舒适的，是滋润的，是知足而安逸的。小镇的人文环境，也都在很大程度上保持着那种质朴的感觉，在今时今日的大环境之下，尤显难得，弥足珍贵。这便是为什么即便亲眼目睹了这些山乡小镇的日渐繁华，我还是愿意把这些小镇当作是“山里”——“山里”，是我对景色秀丽、民风淳朴的地方，最大的褒扬。

大凡各个乡镇，都设有墟场，也就是市集。到集市里去买卖交易，在全国各地都有，只是叫法不同。在中原地区叫做“赶集”、“赶场”，在新疆则叫“赶巴扎”，咱们兴宁人就叫作“赴墟”。

乡镇的墟场，与城市里固定的市场有所不同，只有在“墟日”，整个墟场才会被四面八方的人们簇拥着热闹起来。

在农村，尤其是偏远山区的乡镇，人们都各自守着几座大山，散落地居住着，平日里很难聚到一块。碍于交通不畅，再加上乡镇的人口数量有限，经济条件也制约了交易总量，所以规模不大的乡镇，不足以支持一个天天都能保持着热度的市场。然而山民农家也总有物品买卖的需求，经过长期的摸索实践和约定俗成，自然而然地就定下了规矩，隔三差五地聚集在一起，互通有无，于是便有了“墟日”。

又为方便更大区域内人们的互相交流，相邻各个乡镇的墟日一般都巧妙地错开了，北边的镇是农历逢三、六、九，那南边的镇则定下来逢一、四、七。当然，墟日的频密程度，跟需求是密切相关的，有些更偏僻的乡村，则是逢五逢十，时间相隔得更长一些，更深的山里，有些干脆一个月就只有那么一个墟日。

墟场里平日或许略显平淡，然而到了墟日，可就热闹极了，倘若你想买些山里土产，或者要感受一下乡土风情，赴墟去，必不会让你失望。

墟日里，墟场如同一块甜得发腻的糖，吸引着人们像蚂蚁一般，从各个山头、各个村落，从不同的方向沿着乡间小径，络绎不绝地聚集前来。走路的，踩单车的，开摩托的，推着独轮车的……赴墟的人，除去随着大人去凑热闹的小孩，每个人身上都会带有或多或少的一些好东西：要么是在自家后山上放养的、整日价捉虫啄沙的肥大公鸡；要么是地里田头春种秋收、辛劳收获的一麻袋花生、几筐地瓜；要么是昨夜整宿捕捞、从小溪里水塘里抓来的河蚌、蟮鱼、山坑螺；要么是在大山里头采摘到的木耳、香菇、五指毛桃、地胆头……

大多数墟场，都设在乡镇人群密集的中心地段，有的墟场或许有一些固定的摊档，但也只是在中间用钢筋水泥筑了一个大大的顶棚，划分了几十个上百个档口，这些档口平日里空荡荡的，墟日里才被派上用场。我更喜欢的是去露天的墟场，就是一片宽敞的地儿，或圆或方，或者干脆划定了镇上的哪儿条街，把货物就地摆开，就可以开市了。露天墟场了无遮挡，只在下雨天或是烈日时简单拉上红白蓝的尼龙布来避雨遮阳。摆摊的地儿也是没有划定的，来得早了，就能占得一个好一些的位置——不过对于热闹的墟日来说，整个墟场就没有哪个位置是不好的，当赴墟的人儿挤作一团将这墟场挤得密不透风的的时候，所有的摊挡，也就无分东南西北，处处都是旺地——一个位置在一天里头可能就会换了四五拨的主人，一旦有人带来的货物售罄，收了档离了场，便立即有其他后到的人上来补了缺——墟场，在墟日里，是很少有冷清的时候。

货卖者在墟场里占了个位置，把箩筐从车上抬下来，或者把布袋一一打开平摊开来，只需很低调地站在一旁，也不用开口叫卖，也无需过多介绍货品，自然有人来买——有热门的物品刚一放下，便有人把货全数要了去的，也有要站上半天工夫才有人问津的，但不管怎样，似乎带到墟场的东西，总能出手成交。

等到带来的东西都换成了一沓票子，平时在一亩三分地里早出晚归的人儿，便有了空闲到镇里各处去走动走动。去理个发，去补充些油盐酱醋，或是给小孩带上铅笔和作业本，又或是东瞧瞧西瞅瞅，看看最近又出了什么新鲜的玩意，也好回去向没能来赴墟的人宣讲一番。

由于墟日市集里的人骤增，墟场周边固定门店的生意也好了许多，尤其是一些小餐馆。赶来赴墟的人，好些都得摸黑赶早的从路程遥远的山里走来，等到把手里的东西卖完了，也往往就到了中午时分，手上既有了小钱，便难得地下一趟馆子，点上一份饺子，或是来盘卤水肉，总不至于亏待了自己。

我很是喜欢赴墟的那种感觉，龙田墟，罗岗墟，罗浮墟，水口墟……这些兴宁比较大一点的乡镇的墟日，我都曾混迹其中，乐不思归。

墟日里的墟场，人头涌涌，那种拥挤的程度，绝不亚于都市里的商业步行街，甚或有过之而无不及——都市里逛街的人，最多是手上拎个包肩

竹篮、石磨、鸡笼、鱼篓……
在现代都市销声匿迹，在乡镇的墟场里还能一觅踪迹。
（王导／摄）

别看柿子的样子丑，都是农家门前屋后栽。
“忍”，是兴宁话的发音，有“很”、“非常”的意思，
正确的字要怎么写，我也不知道。
不过这卖家写成“忍”，也很形象有趣
——都甜得要死死忍住了，那当然就不是一般的甜了。
（王导／摄）

上挎个袋，走在人口稠密处，还可以斯斯文文地从容错开；而墟场里却不同，大包小包的货，成筐成袋的物品，东来西往的人，南迎西送的客，要想通过密密麻麻的市集最热闹处，常常可以见到有人双手高高托起鸡笼或麻袋，高声吆喝着提醒别人让一让路，即便如此，也难保不会相互缠绕在一起，扯也扯不开。你穿行于其中，还得时时留意别让呱呱大叫的家禽在你头上拉出一泡屎来，更要避开长长短短高高矮矮的扁担不小心会梗住了你的脖子。

然而我还是喜欢在墟场的感觉——在大都市的步行街上，虽然是琳琅满目五光十色，却总是有一种奇怪的压抑感，让人不很舒服；而蠕动于比最火爆的商业街还要挤逼的墟场之中，你却并不觉局促——因为这里一抬头能望得到蔚蓝的天，这里一张眼就望得到绿色的山，这里空气是流通而清爽的，这里的树木是郁郁葱葱的，偌大一个市集，简直就是户外的一个大派对——在这样的环境之中，即使你的身体被挤压成了一张纸，你的心情仍然是愉悦的，更别说映入眼帘的那些山野果蔬，早已让你垂涎不已了。

久居都市，对于到菜市场或超市去买菜，简直是一件无趣的事：熙熙攘攘的上百个的摊档，却实在没有可挑选的余地——都是统一从大的蔬菜种植基地里的大棚里种了出来，有完全合适的光照，有完全合适的温度和湿度，然后再分销给蔬菜批发商，再到了菜市场，因此，菜的模样也是完全一样的，看上去是一样的完美无瑕，一个顶一个光鲜，一个赛一个亮丽，但是买回去一吃，却是寡淡无味，如同嚼蜡。

在墟场里却能让你耳目一新，那些挑着担子卖菜的，卖的都是自家种的。在这里，同样的白菜萝卜，同样的苦瓜豆角，却各各不同。因为不同的种子基因，不同的水土地块，不同的菜农照料，让这些蔬菜展露出不同的长相和性格来，有的长有的短，有的圆有的尖，有光滑有粗糙，有水嫩有老成，决不脸谱化——如果你有闲心，大可以一路走过去，把这些红的绿的白的黄的，自然的多样的果蔬，当作是不同流派的大师的美术作品来欣赏——切莫嫌弃那看上去个头小样子丑的，那可全都是吃着农家有机肥喝着露水长成的，保管又爽又甜；也不要扔掉那看上去有虫眼的果子蔬菜，那可是好吃的证明标签。你得有一个逆向思维：连虫子都喜欢吃的，肯定营养丰富美味无比——恰如抽象派的画，你可以看不懂，但决不能否认它的艺术高度。

就这样，在墟日里围着墟场转上一圈，实在是一件惬意的事，不知不觉间，便满载而归了。

赴墟去买东西，也不必花心机去讨价还价。这些山里人，大都实诚，出价相当合理，你不用费口舌去论价，就算你跟他理论，一般也不会改价钱，因为卖家就认个死理，在他看来，他的好东西就值这个价，如果你觉得贵了，那是你不识货，爱买不买，不买拉倒。

工业标准化生产的东西，采购的份额数量越多，价格就越便宜，这是一个基本经济准则。可你要硬是把这个准则拿到墟场里来往上套，可能就行不通了，墟场里，自有墟场的另一番道理和价值观。

有一次在罗岗墟，我看中了一位大娘的黑豆，问了价说是五块钱一斤，价格公道。这时的墟场已经热闹两三个小时了，大娘袋子里的黑豆也卖得差不多，只剩了些货脚，就只有那么一两斤了，便全数要了，又不无遗憾地自言自语：“这黑豆真不错，粒粒饱满，很难碰上这个好品种，用来磨

萝卜青菜、番茄土豆……
总透着一种新鲜水灵；
手打鱼丸、自制腐卷、风味椒酱……
总是那么的可口诱人。
（王导／摄）

豆浆就最好了。可惜就是太少了，还不够吃几次的。”

大娘见我喃喃自语，便说：“你真是识货，今年我种的黑豆收成是几条村里最好的。你还想要多少？你如果真觉得我这黑豆好，我家里倒是还有一些的。”

我忙问：“大娘你家里离墟场远不远？如果方便，我想要个十来二十斤的，回城也好分一些给朋友们。”

“二十斤啊？这个……呃……”大娘有些迟疑。

“怎么，有什么问题吗？”

“呃……”大娘又犹豫了一会，才说：“这样，你先逛一逛，两个钟之后再到这里来，我现在马上回去拿来，不过，不过……那些黑豆可就要八元一斤，不知道你还要不要呢？”

我问：“大娘，我买得多了，不是应该更便宜一点吗？是不是因为要你来回走路，所以才要八块钱？要不我跟你一起上你家去，还是五块一斤卖给我好不好？”

大娘忙说：“我说的倒不是这个理，山里人天生就是走路的，再长的路抬抬腿也就到了，哪里值什么钱哦。就算是你跟着我到家里去，我也一样要卖八块钱的。”

我纳闷了：“大娘，既然你说不是这个问题，那我买得多，不是应该有批发价吗？怎么反倒贵了呢？难道就因为你看到我诚心想买，你就抬高价钱贵卖吗？再说了，原来五块，一下子提到了八块，这也太离谱了吧。”

“唉哟，大兄弟，这你可错怪我了，我可不是坐地起价啊。我今天带来了六十多斤，如果你早点来，你买得多，我自然会算便宜给你。可如今都卖完了，家里虽然还有点，但那是我专门留给自家儿女的，要是把家里的黑豆也都卖给了你，我家今年可就没黑豆吃了啊，所以我只好说个高一点的价格，其实……其实我是想让你别买了，因为我是真舍不得再往外卖的啊。”大娘说完，有些不好意思地看着我，显然，她这样详细地解释，就是在阐述在她看来是天经地义的道理，而我，只能表示理解。

这便是墟场里的买卖哲学——每一件在墟场里的东西，都不是流水线的批量产品可以比较的，这可全都是山里人一身水一身汗的辛苦换来的，每一颗豆，每一只鸡蛋，都有它的价值，而非价格——从一开始，这些东西就不完全是一件商品的概念，本质上这种交易就不是单纯的逐利行为。当然也就不能以现代商品经济的原则去衡量——能够拿来墟场进行买卖的，都是在满足了小家庭自给自足之后的富余，这是墟场的一个基本原则，如果买卖会有损于他们自身的日常生活需求，他们是不会愿意的，或者，你当然就得付出更高的价格。

我对山里人的这种朴素道理，这种简单的价值观，只能选择尊重和认同——这也算是赴墟的另一种收获吧。

人力三轮车已经逐渐消失在人们的视线中，
取而代之的，是日益完善的公交线路和出租车服务。
（王导/摄）

兴城的人力车夫

他们用体力老老实实地赚钱，他们在自己的圈子里也有着自己的活法，自己的原则，所以，他们也总是活得明明白白，活得活泼自在，活得天地宽广。

作者注：本文为作者多年前所写。随着城市软硬件的建设发展，时至今日，兴城的人力三轮车已近销声匿迹；虽时过境迁，然本文中人力车夫的形象，与兴宁人的某种精神品质相契合，仍具现实意义。

外埠人，初到兴城，如果说有什么能给他留下很深的印象，那如过江之鲫的三轮车，无疑会是其中之一。

在大街上举目望去，载人的、载货的，三轮车川流不息，来往穿梭。但凡汽车站火车站、宾馆酒楼，或是那十字街头，总会有成群的三轮车夫在招徕顾客——至少在兴城范围内，三轮车是民众最主流的出行公共交通工具，至于巴士和出租车，那只是补充和偶尔为之。

三轮车有电动或是烧油的，靠脚踩的人力三轮车也不在少数。你时常可以看到三五个等待生意的车夫把车停在街角闲聊的情景，他们的衣着都较为简朴随便，大抵每一件衫裤都会有一两处磨损得特别厉害而差不多要见到窟窿了——踩三轮车，风里来雨里去，再好再厚的布料也是禁不起折腾的。在三伏天，也有干脆除下衫来赤着上身的，当然，赤膊上阵，绝少不了一条半湿不干的毛巾搭在肩膀上。他们懒散地斜倚在车上，把两只脚随意往车把子上一搭，便天南地北地聊开了。你要是有兴趣悄悄地趋上前去听上一听，便会惊叹他们似乎对军事政治很感兴趣，对什么海湾战争什么萨达姆什么飞毛腿有很深的研究，他们竟对中国经济问题也很有见解，说起来一套一套的，甚至，他们也会上网聊天，也有时下最新潮的QQ号码。

这些车夫当中，年少的有一些，中年汉子占了大多数，也有个别年纪不小的老头。不管老的少的，他们吹起牛来，那夸张的手势，那爽朗的笑声，那得意的神情，都是一样的；对一个问题争执不下时，也都是一样的面红耳赤、青筋暴涨，一样的乐在其中，一样的可爱异常。

他们虽侃得起劲，没完没了的，好像话儿说上三天三夜也说不完。但只要有客人远远的走来，讨论便立刻停止了，他们便一改懒样子，一个个变得殷勤了，蹬着车向前团团围住了你：“坐我的车吧，稳当。”“坐我的吧，我有劲，快着呢！”“坐我的吧，车是刚买的，坐着舒服。”

你选定其中一个，谈妥了价钱。于是，他便马上开始整理自己的行头，赤膊的重又穿上衣服，敞开的衫复又扣好了，整个人便如出征的士兵一样神气。他小心翼翼地如同侍候新嫁娘上轿般让你上了车，待你平平地坐稳。他就成了一名骑手，飞身跃上车来，猛一拧铃，右脚一蹬，便在一串脆铃声中，起程了。

坐在车上，你就成了他的主宰。你若想看看街两边的热闹，叫他慢一些，他绝对可以慢得像蜗牛，半天也挪不到十米；你若是赶时间，叫他快一些，他简直便可以让三轮车像F1赛车一般飞起来。

踩得慢的时候，自是四平八稳，顺顺溜溜；踩得快了，那可不得了。这不，来到一处道路变窄人群密密麻麻，眼看过不去了，只听他大喝一声，也不用刹车，只手上微微一转脚下一沉，整个三轮车立马偏了个角度，于是前面的人墙便奇迹般的分开了，露出一个空档，“嗖”的一声，连人带车就窜了过去。

你要是突发奇想坐个“特快”，千万别后悔，那可有得你受了。那汉子正愁无法显示他们的技术，得到了你的允许，哪有不卖力的？只见他猛然发力，车子就开始颠得左摇右晃，直把你震得上下跳动，你耳边只听风声呼啸，三轮车已然掠过长街数条。忽然一部大货车迎面飞速开来，你瞬间吓得面色发青，大叫刹车刹车，他却毫不在乎地说没事没事。说完竟自猛地往前冲去，眼看两车几乎就要撞上车毁人伤了，却神奇般的忽儿就擦着边溜了过去，真真是分毫不差。大难不死之余，你的心扑通扑通地还在跳个不停，他却已经得意地吟起山歌小调来，直逗得你恼也不是，乐也不是，赶紧重新下达命令，让他放慢了节奏。

一次，从朋友家出来已是子夜时分，月色又好，不由得兴致勃发，想坐三轮车慢慢回去，好好享受这夜的赐予。可眼前这老车夫却让我为了难，瞧他的年纪，怕是早过了花甲，那干瘦的身体，虽然看起来还算硬朗，可让他来踩车载我，实在过意不去。

只是夜深人静，周遭就只这么一辆，没得选择。正犹豫间，老车夫好像看透了我的迟疑的心思，开口了："放心上车吧，别看我年纪大，就算是一头大牛牯，我也能拉得动。"

既然如此，便上了车。我随口问了句，这么大年纪还出来踩车，是不是生活困难，要养家糊口？老人一笑："说出来也不怕你笑话，我这把老骨头，几乎踩了半辈子的车，一天不干活，身体反而不舒服。你说是我是为了生活嘛，当然可以这么说，踩一天车就有一天的收入嘛，"顿了一顿，老车夫又说："可你要说我这么晚了还出来踩车，是全为了生活嘛，那也不对，我有俩儿子，还算有点出息，大钱没有赚到，小财还是发了点的，总劝我不要踩三轮了，还说给我买辆轿车养老，可那玩意我也不会开呀。算了，儿孙自有儿孙福，我啊，还是踩我的三轮车，自食其力、自给自足的好。"

正聊得开心，车却慢了，原来遇着个坡，坡不算特别陡，但是很长。老车夫开始站起来，借助身体的力量往踏板上压，用尽全力蹬车，才一会儿，就见他气喘吁吁，满头是汗。我忙提出要下车帮他推上去，老车夫却把脸一沉："你看我踩不动了吗？我还没老，给我坐好，马上就上了坡了。"

说完又憋劲猛踩了几脚，车又艰难地向前推进了一小段。

可车速还是越来越慢，终于差不多要停了下来，我实在不好意思再呆在车上，便自个儿跳下来，走到车背后硬是推了一把，总算上了坡。

没成想，到了坡顶，老车夫却生气地瞪了我一眼，用近乎愤怒的口气说：“赶紧上车，真是多管闲事！”

而后，这老者便再没有跟我讲半句说话，直至到了目的地，我掏钱给他时，他却用枯枝般的手一挡，冷冷地说：“是你自个推车回来的，又不是我踩车的功劳，我收啥钱？”说完就很坚决地踩车走了，只留给我一个骄傲而孤独的背影。

我不知所措，在大街上站了良久，总算是明白了我的错误——我是不该下车的，就算下车也是不该去推车的，我是不该伤害老人那自认老当益壮的自尊的，我是不该忽视了老人那赖于自傲的靠自己不求人的脾性的。

嗯，这就是真实的、充满个性的兴宁人力车夫。他们活得实在，活得真诚，他们用体力老老实实地赚钱，他们在自己的圈子里也有着自己的活法，自己的原则，所以，他们也总是活得明明白白，活得活泼自在，活得天地宽广。

公园虽小，韵味却不缺。
（王导/摄）

文化公园的早晨

在这里，能感受到的是热闹，是热烈，是热情；在这里，能看到的是对生活的向往，是对生命的感悟，是生存的安适。

兴宁城中的早晨，大抵是缓慢而有秩序的。大多数人家，都可以懒洋洋地起床，悠悠然地洗刷。一家老小甚至还可以一起坐在餐桌前，吃过了早餐，再不徐不疾的，该上学的上学，该上班的上班，至于不用上学也不用上班的，该喝茶的便去喝茶，该打麻将的便去打麻将。

近些年，兴宁的城区范围已是不断扩展，然而毕竟是一个县级的城市，再大也有个谱。路程近一点的，抬抬脚走路十来分钟也便到了；稍远些的，自行车和摩托便足以代步；虽然兴宁本地的私家车的保有量也是越来越多发展迅猛，只不过就目前而言，除了几个大的节日，还不至于有太多交通堵塞的机会，也不常见有非常挤迫的公交车——山区市县这样不紧不慢按部就班的安逸小日子，怕是很容易让那些一边往嘴里塞着面包一边小跑行进，又或给地铁车厢压成人肉罐头的都市白领们，产生羡慕嫉妒的心理。

慢节奏的兴城的早晨，也有一处热闹的地儿，那便是文化公园。

说起兴宁的公园，倒是有那么几个，比如神光山公园、体育公园什么的，但要么就是在郊区，要么就是近几年才建成，说到最符合传统意义的公园概念的，能让大多数兴宁人一提起“公园”就会想到的，还就特指这个在城的中央，紧临兴田路的文化公园了。

公园面积不大，甚至可以说很小。可麻雀虽小五脏俱全，作为一个公园该有的树、湖、桥、亭，石凳、钟楼、游乐场……这里都一个不少，只是规模都给局限住了，可算是一个迷你版的公园吧。

公园整个布局尚算考究，走在里面，虽不如苏州园林般步移景变，却也自有一番小家碧玉的秀气，论起来，这样的公园，还真跟兴宁这个城市挺合衬的。

公园不大，湖面也就不宽，
然划艇于水中，仍有笑语欢声一串。
（王导／摄）

晨光里的公园，来得最多的是做运动的人，他们也来得最早，天还没亮，便已可见人影绰绰了。

大多数人的运动，无非是围着公园的湖边慢慢地跑上几圈，然后停下来倚着高处压压腿，在树下做个深呼吸，转转脖子、甩甩手。来的次数多了，彼此都算混了个脸熟，碰了面便点点头，当然也不作深入的交谈，打声招呼寒暄几句，然后又各迈各的步，各踢各的腿，自得其乐、互不影响。

至于健身操、扇子舞、太极拳什么的，则全然不同，起码是有自发组织的——至少也得六七人吧，多的却有二三十人。每一群人常有固定的地点，占了一处宽阔处，摆上设备，有的是MP3，有的却还是用磁带的录放机，高级一点的会另有两只音箱，放着或悠扬的轻音乐，或激昂的舞曲——当然，音乐肯定是与时俱进的，现在流行的，大抵是《最炫民族风》，或是《江南STYLE》这样的神曲吧。

总有一个技艺娴熟的领头，带着一群水平参差不齐的参与者——他们的关系，亦师亦友——大部分是中老年人，有时也罕有的能看到一两个年轻人。参与的人员每天总是不相同的，谁有空闲了就来，玩儿一次就不再来也没关系，路过的旁观者要是突然有了兴趣，也随时可以加入，无任欢迎，反正就是“有组织，无纪律”。当然，既是一个组织，少不了也会有三两个铁杆骨干，不管刮风下雨或是酷暑寒冬，都会准时出席，协助领头的师傅教授新人，指挥现场。

就算是带头的师傅吧，甭管是跳舞还是耍剑，一般也只是业余水准，或许有个别是确实有功底的，但大部分也许就是看着电视或书本自学来的，动作并不特别的标准，姿态也不见得非常的优美。大家凭的，只不过是一份热心和乐在其中，所以教的认真，学的也不敢马虎，那一丝不苟的架势，那种专注劲儿，让人很是敬佩——再说了，人家图的不就是甩甩胳膊扭扭腰嘛，无需太较真，齐齐锻炼身体好，有朋结伴心情好，就足够了。

最近闲逛公园，又有一个新发现，就是公园里的宁江晨唱团——却是个新鲜事物，起码在一两年前还是没有的——大概是受了大都市里出现的公园合唱团的熏陶和启发，这个能一展歌喉又轻松好玩的集体活动形式，便迅速在兴宁落地生根并蓬勃发展了——同样的，得有一两个有文艺基础的人牵头组织，有几个热心的人来协作，把歌词曲谱用心地抄写在大挂历纸上，一根木棍作指挥，一把好嗓子来领唱，便引来无数的参与者了，便声势浩大地唱出了“一条大河波浪宽”，或是“五星红旗迎风飘扬”……

公园的早晨，有集体结伴的，就有一人一世界的。

偶尔有痴情于美声唱法的大姐，会在公园的某个角落里吊吊嗓子，咿咿呀呀地来上几句——你正听得起劲，她却又停了下来，咳嗽几声，表示对自己的发声不满意；你等不及刚想走，她又清了清嗓子，再咿咿呀呀地来上几句，这次却是明显比上一次清爽和顺畅了；你正想继续欣赏，她却又是停了下来，抿起嘴闭上目，不为别的，只为回味刚才那声靓嗓子，自我陶醉一番吧。

又有一位大汉，不知是练哪一门子的内家拳，在大冬天也光着膀子，在一棵大树下练气，扎好马步，半眯着眼，一脸的凝重，看样子是在调息吐纳。这大汉跟那练美声的，却是一样的会折磨你——却见他十几二十分钟一动也不动，没有任何变化，待到你看得很是无趣，正打着个呵欠，他却突然口中暴喝一声，吓了你一跳，便开始出拳挥腿，刚猛有劲、花式繁杂，端的是静若处子动若脱免，俨然一位流落江湖的隐侠。

再有一个面容和蔼却颇为神秘的老人，常常牵了自行车来到公园，把车往边上一放，自己就坐在湖边的石凳上，也不钓鱼，也不唱歌，只是坐着，久久地盯着湖面，说是在思考什么吧，却又不见他皱眉挠头，说是有什么烦心事吧，却间或能见他自得的一笑，我甚至想上前去问一下，却又怕惊扰了他的平静，或许，安静地发呆，独自地回忆，就是他享受生活的一种方式吧。

…………

就这样一个文化公园，短短的一个早晨，千姿百态，万种风情。在这里，能感受到的是热闹，是热烈，是热情；在这里，能看到的是对生活的向往，是对生命的感悟，是生存的安适——几乎所有的人，都能够在这一个小小的天地里头，找到了个体与自然、与社会的和谐相处之道。

一人，一笛，一世界；
一晨，一湖，一光阴。
（王导／摄）

兴田路和团结路相交的十字路口，
流光溢彩，车水马龙。
（王导／摄）

热闹的街

行走于兴田路和团结路，我不自觉地会以此去审视一个城市变迁和发展的方方面面，不管如何，有些变化，是不可阻挡的。

对比过去的十年，如今兴宁的城市格局，已经发生了许多深远的变化。高速路网和铁路轨道的重心引力，使得兴宁城区悄然向南延展。以文化广场、会展中心、体育公园为代表的新城区组团，已然将兴宁的城市形象往上提升了一大截；而“南部新城”编制规划的出炉，更确定了将兴宁打造成一个“碧水连江的生态之城、客乡古韵的文化之城、创新服务的活力之城、开敞舒展的宜居之城”的战略构想。

未来的十年间，一座“有特色、有个性、让人记得住”的兴宁新城的画卷，将渐次在众人面前徐徐展现——这幅美好的蓝图一旦成为现实，将毫无疑问地成为兴宁城市建设大踏步发展的史诗般杰作。

这些好消息，我迫不及待地想要跟久未回家的老乡们分享，也有意无意间会向各地的朋友们自夸一番。不过，希冀中兴宁的未来，尚需诸君的共同努力，亦非一朝一夕就能达成。所以目前要是有朋友跟我回到兴宁，提出来想逛一逛街，以此管窥兴宁的市容风貌，那么，在现阶段，暂时的，我还得是带着你们在传统的城区里转悠转悠。

如果你脚力还行，不是弱柳扶风之辈或天生的懒人，那建议还是选择步行吧——现如今兴宁城区还不算太大，即使走得累了，也有那满街跑的三轮或是出租车随时恭候，不出城区，十元八元的，也便够了。

兴宁大大小小的街道，或许你会喜欢像盐铺街、石光街那样颇有些历史年头的老街，行走于其中，偶尔出现的一两处古旧建筑或装饰，会勾起你那一丁半点的访古幽情，间或遇到三五家卖竹制品、卖老酒卖茶油、卖草药治跌打的特色小店，还会让你生了要羁留片刻的雅兴；又或许你喜欢放松休闲，那就去宁江河边的沿江路走一走，随意地找一间江边的酒吧，喝上几杯，静静享受夜晚江风的爱抚，兴致所至，大可以走几步到街边相邻的桌球室，去耍几杆花式九球……

你如果是一个吃货，喜欢大块朵颐，那就更好办了，放心地由着兴宁的朋友带着你去穿街过巷找美食吧，宁江路、兴东路、南坛路……他们总会知道哪一条街的炒螺最美味，哪一条街的砂锅粥最地道，哪一条街的大排档最有镬气……足以让你吃得扶着墙回来，让你着实体验一把舌尖上的兴宁。

兴宁的每一条街道，都有着各自的特色和魅力，每条街都会有让人钟爱的理由。至于我自己，便觉得记忆中兴宁城里最有印象、最有代表性的，还得是热闹的兴田路和团结路。

兴田路与团结路在兴宁城区的中心地带呈“T”字形交集。

兴田路，对于兴宁，有着非常特殊的地位，既是兴宁城区中心一条最长的笔直主干道，也是兴城发端最早的一条商业街。这条街，北边各乡镇的人们最为熟悉，他们从村镇进城，自北南下，一进入兴田路，便算是入了兴宁城。

若干年前，兴宁的城区范围还非常小，商业城还没兴建，文化广场一带的新区也尚未开发。这条长长的兴田路，便承担起了几乎全城民众的商业和生活需求。

特别是过年之前的那十来天，兴田路除了沿街固有的店面，又冒出来许多卖年货的摊档，有的用板车推着，更多的是往地面铺个油纸，就扎堆的把形形色色的物品在这条路上摆开来，大至电视音响、小到糖果饼干、年橘甘蔗，菊花水仙、毛衣皮鞋、春联门神……也不知这各路卖家是突然从哪里冒出来的，兴宁自古就有的经商头脑在那些天被他们充分体现和印证。于是，从各乡各镇纷纷涌进城来置办年货的人群，更是把兴田路挤得水泄不通，行人、自行车、货物绞在一起，把整条兴田路拧成了一条麻花，配上此起彼伏的高音喇叭叫卖声，一条长街，就成了庙会，成了花街，成了露天大集市。

当年兴田路的这种盛况，没有经历过的人大概是难于体会和想象的。恐怕还有些年轻一辈会觉得我形容得太过了，他们的观点是现在的兴宁城里更加繁华了，有更多的人，更多的车，难道还比不上当年的场面？确实，现在人多车多，可恰恰是我们的城区也变得更大了，街道更多了，超市商场也一个赛一个富丽堂皇，就算有再多的人群都给分流了，浑不似那些年，几乎全兴宁的人都塞进了一条街里面。就说如今吧，到了年节，汽车摩托往来穿梭在路上，难免也会有塞车的现象，可是，那个时候，兴田路塞的可不是车，而是人——这可不是夸张，特别是到了年廿八年廿九那两天，当真是摩肩接踵人声鼎沸，就算是孔武有力的大汉，要想从街的一边挤过去另一边去，都得费上九牛二虎之力。

好容易到了除夕，转眼就到了大年初一，那些节前临时的摊挡如退潮般一夜间消失无踪，沿路的店家也全关了门休息，这时的兴田路该消停消停了吧？可它却偏偏一点也不显冷清。说起来确实令人感慨，在那个年头，兴宁人压根就没有什么好去处，也没什么好的节目，于是，到了大小节庆，拖家带口、呼朋唤友的，沿着兴田路走一个来回，就是庆祝的最好方式了，这虽谈不上是一个传统，却也算是大家约定俗成的默契。所以兴田路又成了穿新衣戴新帽的人们必去之处，整条街都是欢声笑语、喜气洋洋。

对比兴田路，团结路的历史显然要短得很多，但这同样是我脑海中印象深刻的一条街。最初的时候大家都爱把它通俗的叫作“28米大街”，28米，说的是这条街道的宽度，在当时，对于兴宁这个城市来说，这个宽度似乎是足够的，是绰绰有余的，尤其是在团结路刚刚开通，商家尚未进驻，行人稀少的时候，这28米就显得特别的宽阔，甚至有些空空荡荡的感觉。

然而，这条街从安静到红火，从冷清到繁嚣，几乎就是一瞬间的事。团结路的发展速度是超乎所有人的想象的，那些一开始对团结路商圈抱有怀疑而犹豫着进不进场的商家，现在可要后悔不迭了，因为还没等他们回过神来，整条街已经是众商云集人头攒动了，沿街的铺租也水涨船高，几年间不知道往上窜了多少番。至于那区区28米的街道宽度，在熙熙攘攘的车流和人潮的充斥中，很快就显得有些局促狭窄了。

兴宁人也几乎是在一夜之间就喜欢上了这条街。在团结路刚刚兴起的那些时日里，城里的人在晚饭之后想要出去散散步，不管你住在城的哪一头，从哪个方向而来，都会自觉不自觉的，不知不觉间拐进了团结路；乡镇的人们，进了城，也把团结路当作是一个必须去的地方，即使没什么要买的，只要在那窗明几净的店铺里转上一圈，往那琳琅满目的橱柜上瞅上几眼，记住些新奇好玩的东西，见识些引领风尚的物件，也便足够回去跟村里的老者妇孺们说道半天了。

如果可以从空中俯瞰，夜晚的兴宁，广场一带应该是最亮堂的，但兴田路和团结路，肯定是灯火最密集的。

入夜，这两条街上所有的商家都把灯箱招牌亮了出来，争奇斗艳，为的就是吸引你的注意，为的就是把你请进他的店里。走在街上，在各色光谱的映照下，还颇有些乱花渐欲迷人眼的感觉。

细心地观察，你可以发现，兴田路和团结路店家的招牌，是不大一样的。相比较而言，兴田路店家的招牌好些都采用单色或双色，内容以简单的标志或店名为主，灯光显得比较单一，在灯箱里放上几支光管便成了，显得相对朴实；而团结路的广告牌，则多了很多大大的彩色照片，装饰的灯光也有各色变化，显得活泼许多，品牌LOGO也显然是经过设计师的调教，时代感十足——当然最近两年这两条街的风格也在渐渐融合，差异正在缩小，但起码曾经有这么一个阶段，让我感觉大体如此，这也许恰好反映了这两条街的历史和现状吧。

兴田路的业态更为多元和传统，所售货物也以实用性居多，这大概是它多年来独力承担全兴宁人的生活需求而传承下来的特色吧——从搬运大楼对面的大型超市算起，到音响店、手机店、百货公司、书店、音像店、中餐店、粉面店、茶叶店、水果店，还有那补鞋的、配匙的、修车的各种档口，还有占据着街的一头一尾的M记和KFC，形形色色，林林总总，衣食住行，包罗万象，日常生活的基本需求，在这条街基本上都能找得到了，就连农、渔、牧、耕等与劳作相关的各类工具，在兴田路上都能觅到踪影。

团结路则主打时尚和潮流，显得前卫许多。这条街提供的物品或服务，大多以提高生活品质、提升人生品味为目标。流行服饰、家居摆设，雅致花店……这条街上有趣新潮的玩意，充斥着的各种时尚元素，足以引导兴宁人的审美情趣慢慢地走上一个台阶；团结路是兴宁与世界接轨的一个窗口——一件既潮且酷的物品，昨天在香港广州甫一出现，今天或许就会出现在团结路的某家柜台上；一种新兴的概念或模式，刚刚在欧美刮起风潮，不多时就会在此处被复制借鉴。

…………

我无意事无巨细地赘述这两条街的点滴，也无意对这两条街作更多的比较。或许久居兴宁的你，更喜欢去团结路，因为相比大都市里的商业街，已没有什么两样，在那里，可以真切触摸到外部世界的最新信息；而走遍了繁华都市回到兴宁的你，我估摸着你更想好好地再次触摸一下兴田路，因为这条街的繁杂和多样性，也因为这条街还能暂时找寻得到那种老兴宁的记忆——再过几年，是何等模样，可就不敢保证了。

窥一斑可见全豹，行走于兴田路和团结路，我不自觉地会以此去审视一个城市变迁和发展的方方面面，不管如何，有些变化，是不可阻挡的，我只寄望兴城，在当今各地都追求现代化的、却多少有些模式化雷同化的时候，能在城区的建设发展中，注重保留兴宁独特个性和特色的一面，如同兴田路和团结路，不同的内容，不同的气质，却同样的热闹，同样的为我所爱。

我更希望在五年、十年之后，在兴宁的南部新城，能出现让我眼前一亮的，更为瑰丽、更为震撼的，热闹的街。

曾经教会我唱山歌的五叔，年岁渐渐老去，
却始终为我们守护着祖屋。
（王导 / 摄）

唱支山歌给你听

为什么五叔教我的其他山歌都忘记了，而单单只记得那一首——我猜测，一定是那首山歌，倾注了五叔最多的情感。

在我五六岁的时候，可以记得很多客家山歌的歌词。

教我记歌词的，是我的五叔。

那时的我还没到上学的年龄，脑瓜子却已经准备好接受各种各样的新鲜事物，蠢蠢欲动地整天价在田间地头野着，大概是五叔觉得我精力过剩没个正形，怕憋出事来，便教我唱山歌。

半大不小的孩子，正是记忆力最好的时候，日积月累，囫囵吞枣的，怕是也记住了好几十段山歌。可惜不多久，我就去了红小班，然后便一直小学中学大学，离老家越来越远，见到五叔的次数也越来越少，至于山歌，也就随之淡忘了。

三十余年弹指间。游历在外，每每到了一处空旷山头，豁然开朗，就有冲动想要喊上一嗓子的山歌。只是我努力想记起五叔曾经教会我的那些山歌，却是再也记不起来一星半点了——除了一段——唯有这一小段，却是益发清晰：

好久唔能（没有）入菜园，苦瓜豆角摘唔圆（摘不完）

好久唔能（没有）同妹聊，知心话儿讲唔圆（说不完）

——不知怎么回事，几十首山歌都忘得一干二净，独独这支山歌的歌词，我一直记得。只是，我记得歌词，却不知道要怎么唱出来——也不知是当初五叔教的时候就压根没教过曲，还是我已把曲调都忘个底朝天了——反正就是不知道怎么开腔唱出来，只好默默地在心里诵念一遍。偶有几次自以为记起了调门，鼓足勇气大声地吼了出来，却又好像完全不是记忆中的那个调调了，幸而在山里无人，即便是荒腔野板，经过深谷和音，也可算是一种聊发少年狂的原生态唱法罢，还不至于丢人到家。

客家山歌，当然得用客家话来唱。而客家话中，在广东客家地区的不同市县，就有不同的发音和语调，至于全国范围内，或是流传到海外的客家话，听起来就更是各有韵味了。

如果非要争个高低，那当然是以梅县话为正宗，据说中央人民广播电台挑选全球客家话播音员，也是从梅县松口镇那一带的地方上挑选。

但要是论起唱山歌，兴宁话却能唱出另一种风格，正好暗合了山歌本来的特性——盖因山歌的起源，就是生活在大山里的人们，在劳动中，彼此隔山相望，用来沟通信息、传情达意，发音当然首先得嘹亮、清楚、直白。

梅县话说起来，酥软娇媚，确实是好听，吟唱起来，百转千回，其柔婉细腻之处，颇有些江南的吴语越音的影子。兴宁话的发音，相比之下，无疑却是生硬了许多，但唱起歌来，开门见山，其质朴粗犷，却类似于“繁音激楚，热耳酸心，使人血气为之动荡”的西北秦腔。

因此，略显耿直的兴宁话，唱起山歌来，就反而有了独特的优势，一开声，便就有了那种原汁原味，就有了那种山野本色——少了几层的犹抱琵琶半遮面，却多了几分雄壮，增了几分劲道。

梅县话唱山歌，唱得是含羞答答，唱得是温文尔雅，唱得是绕梁三日——就像流水曲折，款款柔情；兴宁话唱山歌，唱得是气贯丹田，唱得是直指人心，唱得是荡气回肠——就像大山横亘，巍巍硬朗。

在兴梅地区，客家山歌有着极好的群众基础，但凡大型喜庆场合，总少不了这项传统表演节目，有一大批专业人士，专门研究创作和歌唱客家山歌。当然，更有不少业余爱好者，平时总爱唱上几句，他们更喜欢即兴对歌，在公园，在广场，一旦碰上了，便给三五成群的簇拥着，你一句我一句的就对上歌了，不大一会儿，就能引来团团的旁观者。这种对歌，以兴宁山歌经典五句板的形式，以恢谐有趣的《唱虚玄》，以及表现民间人物的山歌，比如《廖昆玉戏弄田伯公》、《洞房对山歌》等，最为常见。

但要说客歌山歌整体艺术的综合体现，却不得不要提到精心创作的山歌剧。

以前兴宁有个山歌剧团，很是红火，捧场的人甚多——我就曾有好多次跟着大人去看"人戏"的经历——"人戏"，是当时的人们对山歌剧、话剧，以及魔术杂技等现场舞台表演的俗称——具体到兴宁人，他们口中所说的"人戏"，十有八九是特指去看山歌剧团排演的山歌剧。

其时年岁未长，虽然看不懂剧情，但一入坐，也能从观众的反应中，知道哪位是主角，哪位是配角。果然，幕一开，嗓一亮，男角儿唱得是有棱有角、有担当，女角儿唱得是有韵有曲、有情意，就连跑龙套的，一招一式，一颦一笑，也是有规有矩、有范儿的。

当时的兴宁山歌剧团颇有一些经典的剧目，比如《挽水流》、《彩虹》、《相思豆》、《月是故乡明》……他们用山歌唱出了爱情的真，用山歌唱出了内心的善，用山歌唱出了生活的美——山歌和山歌剧的素材本就是从生活中来，就从民众中来，只是经过艺术的提炼加工，仍然保留了大量的社会现实元素，因此能唱出人们的心声，真实，质朴，不尚修饰，再加上用兴宁的乡土话唱了出来，所以能够引起普罗大众的共鸣，也便为人们所喜闻乐见，也因此而影响了那个时代的兴宁人——老辈的兴宁人，都能哼上一两句客家山歌。

可惜如今所谓的"艺术"发展太快，鱼龙混杂，可供娱乐的节目又实在太多，如同很多的民间艺术一般，山歌剧也便式微了——游历在外的人回到兴宁，想再看一出“人戏”，便成了一个奢侈的愿望。

很多走出去的兴宁人，在心灵深处也一直为山歌保留着一个特别的位置，始终不能忘怀。这一份情感，炽热、恒久，如果没有经历过那个年代，是难于体会和理解的。

每逢春节中秋，兴宁城中的音像店销量最大的，并不是当年的流行曲目的专辑，也不是什么贺岁电影大片，而是客家山歌的磁带、CD和录像，常常可见那些返乡的游子，走进店里，一整摞一整摞地买了去。

店里进来一个两鬓花白的老伯，披着大衣，拄着拐仗，风度翩然，旁边跟着个十五六岁的少年，打扮得很潮，裤兜里插着 iPod，摇头晃脑嘴里唱着 Rock——这该是趁着年节从外地回家探亲访故的两祖孙吧。

老伯径直走到摆着山歌 CD 的货架，也不挑选，只要货架上有的，便让店家取来，每样要了三张，问店家要了一个纸箱，让那少年捧着。

不一会，少年手上就堆了沉甸甸的一堆 CD，都快要抬不起来了。他不耐烦地拨下耳机，用并不正宗的带着异乡口音的兴宁话向老伯抗议了：“阿公，你点解买暗多，一样买一张就好啦。”

那老伯却不理他，又让店员再取来几张，往那少年手上一放，说：“顺便帮你伯公和叔公也买一张吧，过了这次，也不知还有没有机会再回来了。”

“都不知道你地点解暗喜欢听山歌，一点都唔好听。”那少年一脸不解。

那老伯也不生气，停下来，拍拍少年的肩膀，慈爱和蔼地说：“就像你现在听的歌，我也不明白你为什么喜欢，但我觉得你一定有你喜欢的道理；

至于客家山歌，你也不了解我们为什么喜欢，但我们也一定有我们的理由。因为，你的歌，有你的经历，有你的感情，山歌也一样，唱的全都是我们的经历，唱的全都是我们的情感，你现在明白吗？”

正如老伯所说，因为山歌里唱出了老辈人的生活经历，山歌里唱出了老辈人的情感体验，所以山歌才会在他们的心中留下如此深刻的烙印。

我现在也似乎找到了我之前疑问的答案：为什么五叔教我的其他山歌都忘记了，而单单只记得那一首——我猜测，一定是那首山歌，倾注了五叔最多的情感；他教我山歌的时候，那肯定也是用心最足的一首，肯定也是吟唱得最多的一首，因此，我也就记得特别清晰，特别牢靠。

我的五叔，是一个盲人。

我的父辈的其他兄弟们，或从军、或从政、或进了事业单位，虽然算不上有多么的成功，但都可以有机会走出去开拓自己的天地，都有或许不精彩但却很完整的人生。而我的五叔，因为他的眼睛，却只能一辈子守着家乡的祖屋——分享了所有兄弟们的喜悦，分担了所有兄弟们的痛苦，而五叔的喜与悲，大多数时候，却由他一个人来默默咀嚼。

五叔生性善良，乐天宽容，眼睛虽看不见，却手脚麻利，煮饭、喂鸡、养猪，操持着老家祖屋的事，没有他干不好的活。有他守着，老家的祖屋总是保持着生气，整洁而清静。

五叔虽然一辈子困在乡下，天下事却一点也不比我们了解得少。他最大的爱好便是收听广播，天南地北，海阔天空，因此，他虽然栖身于方丈之地，他的思维空间却无穷的大——有时候跟他聊起来，他对时事的分析和看法，常常会令到我支支吾吾的接不上话。

五叔没有娶妻，但在他的心里，我想，无疑是渴望爱情的。现在五叔已年近六旬，算起来他教我唱山歌的时候，岂不正是风华正茂、憧憬爱情的时候？那一支山歌，他反复吟唱，是不是就是要唱给他的心上人？

好久唔能（没有）入菜园，苦瓜豆角摘唔圆（摘不完）
好久唔能（没有）同妹聊，知心话儿讲唔圆（说不完）

——也许我该找个时间，好好跟五叔聊聊，央他再唱起那支熟悉的山歌，听他讲他不寻常的故事。

客家山歌在兴宁拥有良好的群众基础，
也是老一辈人心中永远的记忆。
（谢育祥、刘伯良/摄）

一位“通书罗”的传人在择算吉日。
（王导/摄）

中华民历第一书

《罗家通书》竟是藉由清朝雍正皇帝赐名，特旨出版，从而一纸风行于世，延绵近300年而益发兴盛，以其文化底蕴和市场地位，被坊间誉为“中华民历第一书”，实是当之无愧。

云遮雾笼的早春清晨，“吱呀”一声，乡间农家的一扇大门被推开了一小半，一位老者趁着从门口照过来的一抹光线，对着糊在墙头的一张紫红色的纸，眯着眼睛看了半晌，出门望了望天，用手抓了抓能攥得出水的空气，转身对着里屋喊道：“节令到了，该下田啦！”转身便到角落里取了蓑衣斗笠，扛起一把锄头，率先走进烟雨蒙蒙的田间地头，远远的，又跟着出来一位扛着犁的壮年，和牵着一头牛的少年……

阳光温熙的秋日午后，“呼啦”一声，城里一户人家的客厅里，喜上眉梢的父亲在茶几上摊开一本红色封皮的书，一页一页的翻阅着反复查看，良久，用手指戳准了其中的一处数字，说：“这是个好日子。”一大家子的老老小小全都凑了前去，一阵骚乱后，这本书又被捧到了眯眯笑着却唯一还端坐着的爷爷跟前。慈爱的老人仔细瞧了一眼，深深地一点头：“嗯，就定这一天吧。”霎时间，全家人都笑开了花，被大家簇拥着在中间的那一对小儿女，顿时害羞得一脸的幸福模样……

…………

聪明的人儿无需我再多描述，已经能百分百猜中我文中的那张纸和那本书是什么来头了——大名鼎鼎的“通书罗”。

是的，不论是农家的耕作者，还是城市的普罗民众，他们查看的，就是兴宁福兴镇“通书罗”编撰的，或简如活页纸、或繁似大部头的各种版本的《罗家通书》——你当然一猜就中，那是因为你对它再熟悉不过了——在你家里的墙上，或是书柜中，或许就贴有这么一页，或许就藏有这么一本。

“通书罗”出自咱们的老家兴宁，所以大多数人觉得家里有这么一张纸一本书很是平常，然而出乎你意料的是：这《罗家通书》，不单盛行于兴宁，还流传甚广，不仅在我国南方各地，在东南亚各国、日本、英国、美国等地，都有它的踪影，可以说凡有华人之地，就有《罗家通书》的影响力——或另有流行于华人地区的其他版本的民历，比如香港的“黄历”，据说也是源自这本《罗家通书》——溯其源头，《罗家通书》竟是藉由清朝雍正皇帝赐名，特旨出版，从而一纸风行于世，延绵近300年而益发兴盛，以其文化底蕴和市场地位，被坊间誉为“中华民历第一书”，实是当之无愧。

“**通**书罗”，简单的三个字，其含义却是越发丰富，粗略说来也至少有着三重指代，既指物，又指人，也指地：首先当然是指从清朝雍正年间一直出版至今的《罗家通书》的通俗叫法；其次又是对《罗家通书》的创始人罗庆辉及其传承者的尊称；再者更连着地方也因人而名，大家通常把罗庆辉的出生地福兴镇锦华村及其后人居住地福兴镇黄畿村一带，统称为“通书罗”。

说到内涵丰富的“通书罗”，就不得不提起一位具有传奇色彩的人物，这便是《罗家通书》的始创者，清朝康雍年间的罗庆辉。

据载，罗庆辉自幼受其舅父影响，对天文星象学特别感兴趣。青年时于游学经商途中，在河南信阳一带偶遇一位在京都钦天鉴任事的天象师，天象师见其聪明谦和，懂得不少天文基础知识，又有志学习历法，便收为弟子，将天文、星象、仪度、六壬、吉凶和预测祸福等知识悉数传授，并推荐他进了钦天鉴推算历法。

在钦天鉴，罗庆辉认真研究西洋历法，汲取了西洋历法的精华，解决了一些以往计算历法中未能解决的疑难问题，受到钦天鉴官员的赞许，其所推演历书中节气交接和日月交蚀时刻精准，也常被皇历一一采用。

当时是一个封建时代，按规定只能由朝廷来出版所谓的“皇历”。但中国幅员辽阔，而且由于交通落后，山乡闭塞，京都的皇历运到岭南粤东山区要足足好几个月时间，迟迟落后于农事生产和人们的生活需要。往往是当年的最新“皇历”到了，也只能用上半年。

罗庆辉告病还乡后，在家乡兴宁福兴镇继续学习和传授天文历法知识。有感于家乡农人的切实需求，决心自己来编撰通书。雍正五年（1727 年），罗庆辉经过四年的潜心研究和推算，通书正式编纂成功，定名为《广东省兴宁县罗家推算通书》。

起初，《罗家通书》仅在兴宁民间流行，由于此书计算的节气、时日准确，对农业耕作影响的预告和农事安排的详实说明，颇受群众欢迎，越传越广。

由于当时的历法书籍由朝廷控制，《罗家通书》的流通引起了官府的注意，被诬为“邪书”，不准出版发行。罗庆辉不服，向县官据理申诉，辩明《罗家通书》是自己多年研究的成果，决不是什么“邪书”，县官不信，等到朝廷的皇历一到，就拿来对照比较，结果两个版本的数据和说明几乎完全一样。

又因为《罗家通书》极大方便了当地群众，所以此书禁而不止。有鉴于此，县官便将《罗家通书》上呈京城钦天鉴并实情报奏皇帝。

雍正皇帝看了《罗家通书》后，并不相信山区小县会有如此能人，即下旨传罗庆辉入京。罗庆辉奉旨赶到京城应考，细心推算，他计算“秋分”的日时与“皇历”丝毫不差，又兼落落大方，对答自如，雍正皇帝称其为“奇才”，恩准《罗家通书》可以正式颁行，并推荐在岭南民间使用。

《罗家通书》遂大行于世，“通书罗”也随之声名远扬。

罗庆辉始创《罗家通书》后，又将编撰通书的知识悉数传至其子，子又传孙，代代相承，开枝散叶。在近300年的时间里，其传承者众，不可计数，先后出现了宗睦堂、崇道堂、九星堂、万兴堂、集福堂、天宝堂等诸多分支。

这些传承者中，不乏天资聪慧、勤学不辍者，在原有的基础上，不断丰富、创新、校正，使《罗家通书》延绵不绝，流传天下。

但时至今日，罗氏子孙众多，聪愚有分，勤惰有别，便也有鱼龙混杂的现象，更有甚者，只是顶着罗氏后人的名号，稍稍涉猎了一下周易五行，天象历法，便俨然自成一派，继而开堂设馆，专事替人择日选课、趋吉避凶，其实只是误人子弟罢了。

因此，在"通书罗"的众多传承者中，亦良莠不齐，大有分别。几个主流的有名望的堂号之间，为着些许利益之争或门派之见，也生出许多相轻相侮的事端来，皆自称其为传承之"正宗"，引发了颇多争议。

其实，作为一个纯粹的局外人，按我的看法，"通书罗"既已辗转传承数百年，已无须拘泥于哪个堂哪个号，甚至无须理会其姓甚名谁，只要在编撰中能严谨法度，去伪存真，便可为"通书罗"之正宗。

须知《罗家通书》是一本严谨的民间历法，内容丰富，包括"头由、山课、嫁娶、月辰、二十八宿吉凶图"等；还绘有二十多种动物图像，文字精炼，通俗易懂，形象生动；通书推算日月蚀、月份大小、二十四节气较为准确；对气候及气流流向也有一定的表述；对二十四个节气的温差变化将给农作物生长带来的影响以及对农事安排都有明确的预示。全书以历法为依托，渗进很多有关择吉避凶的内容。它既是岭南民间，尤其是粤东客家地区人民明察四时的依据，又是他们趋吉避凶举事行动的圭臬。

"通书罗"的诞生反映了当时有关天文历法的科学水平，有一定的科

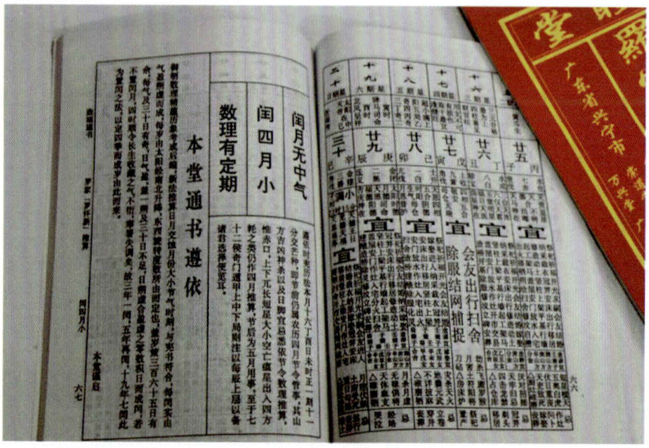

“通书罗”流传至今，已衍生出诸多堂号，市面上也有不同版本的《罗家通书》流通，但归根溯源，均传承自其先祖罗庆辉。（王导／摄）

学性和使用价值，当然，不可避免的，其中亦掺杂了许多当时的科学无从解释，在现在看来是迷信妄诞的内容。

因此，“通书罗”的传承者，必须秉持更严谨的科学态度，逐其糟粕，存其精华，努力学习现代数学和天文学，才能使《罗家通书》这一宝贵的历史文化遗产发扬光大。断不可固守祖宗的财富，而不思进取，陷于内耗，使之蒙羞。

可喜的是，兴宁相关的文化部门也已经对“通书罗”的现状给予了及时的帮助和引导。2010 年梅州市批准《罗家通书》为非物质文化遗产，并正在进行省一级的“申遗”。“通书罗”留给我们的不仅是让罗氏族人引以为耀的历史光环，更重要的是这一份厚重的历史文化财富，是兴宁，是梅州，是客家人，是中华民族的骄傲。

我惟默默祝愿“通书罗”的后裔族人和各大流派之间可以捐弃前嫌，通力合作，统筹编撰，共享先祖的荣光，使“通书罗”后继有人，发扬光大；也希望这个具有人文色彩的“中华民历第一书”，会打造成为兴宁又一张颇具分量的历史文化名片。

曾沉寂一时的“墨烟张”已重焕生机。
（王导／摄）

人文缩影“墨烟张”

在“墨烟张”的鼎盛时期，你来村里走一趟亲戚，回去洗脸，水都是黑的，那个时候，就连飞过村子上空的麻雀都是黑的呐。

大凡一门手艺、一个行当、一个流派，能够以手艺匠人或是行业创立者的姓氏来命名，定必有其过人之处，诸如大家都熟悉的“泥人张”、“刷子李”、“快手刘”……都要得一手绝活，俱是其中的佼佼者。

兴宁，自古以来，便以小手工业兴埠。曾经出现过一大批手工业方面的能人，这些能人们的技艺又在家族或村镇之内，一传十，十传百，便在一定的区域内，形成某种优势产业。比如享誉兴宁的“索麻罗”、“菜篮陈”、“打银王”……这些工匠和手艺人，各有各的过人之处，要么是搓的麻绳既结实又耐磨，要么是编的竹篮既美观又合用，要么是打的银器用料真款式多……总之，在过去，凭藉这些过硬的本事，不但能养家糊口，其产品甚至穿州过省，飘洋出海，形成规模不小的市场需求，打出了响当当的名头。

风流总被风吹雨打去，随着现代工业化进程的飞速发展，这些以手工操作、以小作坊产销的行当日渐式微——盖因现代化大规模的生产模式，以流水线机器的集约化生产，既摊分了制作成本，又采取了新型材料和工艺，保证甚至提升了产品质量。因此，那些曾经辉煌一时的手工绝活，大多数已经完全失去了市场的竞争力，再也不能保住昔日之荣光，自然消亡于经济大潮之中，只能于历史中去找寻记忆了。

然而凡事也有例外，总有那么一些老行当，因了某种原因，在当今仍然闪耀着灿烂的光芒。在兴宁的这些传统手艺当中，就有那么一种绝活，虽然也因时代发展的原因，陷入过低潮、停滞，出现了近30年的断层，无人承续，但忽然又在这几年老树绽出新芽，重新获得世人关注，再次焕出蓬勃生机。

若问这是说的哪门手艺？

“墨烟张”是也。

那这“墨烟张”，又是个什么样的绝活呢？

“墨烟张”，这“墨”，就是文房四宝“笔墨纸砚”之一的墨条；这“烟”，说的就是烧松成烟，刮烟成墨的制作方法；这“张”，自然是精于制墨的张氏人家了。

为何同时期的其他传统手艺都已如明日之黄花零落凋谢，这“墨烟张”却又有何种因缘，能够枯木逢春，明灯再续？

既然打破砂锅问到底，想要得到答案，不如到“墨烟张”去走一遭吧。

跟“通书罗”一样，如今说起“墨烟张”，既是指代墨条这种产品，又指制墨人张姓人家，也指代了制墨人的居住地、制墨工艺的所在地——兴宁福兴街道新联村大社下。

说来也巧，到了大社下，在一座围屋前，随便转悠一下，就碰上了一个制墨世家的后人，言谈片刻，他便引领我拜会了一位“墨烟张”重量级的人物——目前“烟墨张”硕果仅存的，唯一掌握全套传统烟墨制作工序的75岁老人张汉昌。

见到一个后学之辈对“墨烟张”如此感兴趣，张老爷子煞是高兴，把我又领回到我此前刚刚经过的那个围屋——没成想，这外表普通的围屋，竟然大有乾坤，里面已经不再住人，而是一间制墨工厂哩。

张老爷子掏出一大串钥匙，逐一打开围屋里的几个房间，向我介绍了制墨的原材料、制墨模具、制墨工具，一边展示一边向我讲述关于“墨烟张”的点点滴滴。

原来烧烟制墨所需设备并不算复杂，场地要求也不算非常高。一个烧烟室、一间熬胶房、一套模具及一些简单的器具便可制出墨条。但“墨烟张”的不凡之处，在于制墨全过程均用手工完成，尤其是对墨的锻打，轻重分寸的拿捏全凭经验，而用于压制成形的制墨模具，更须由美感与刀工皆擅长的雕刻者精心制作，令到最后成型的墨条上面雕龙画凤，点诗缀文，极具艺术性和文化气息。

制墨首先要一间封闭的烧烟室，通过让松香或松香渣不完全燃烧产生浓郁的黑色墨烟，这些墨烟会附在烧烟室上下四周的墙壁，制墨匠人定期将这些黑如炭色的墨烟小心刮下来收集在一起。再用牛皮熬成胶汁，将墨烟与胶汁掺和成团，锤炼成块，经过千锤百炼后，放进模具中压制成墨条，最后还要进行修剪、洗刷、晾晒、打蜡、裱金、包装。

张汉昌老人像宝贝般拿出了几条墨条，说：“可别小看了‘墨烟张’的墨条，在锻制过程中，还要加进梅片、冰片和贵重的麝香等香料药材，因此墨条色泽乌黑发亮，越久越香，书写的字久不褪色，且能驱虫蛀，是众多书法家和美术家的至爱。”

我打趣地说：“原来墨条里还有那么多名贵药材啊？那岂不是可以用来治病喽？”

“嗯，确实是这样啊。在医疗落后的年代，群众把‘墨烟张’生产出来的墨条用来治疗皮肤疮毒、腮腺炎、止血等，在民间广为流传和使用，真是起到了相应的疗效呢。”——我不禁咋舌，本来只是随口开个玩笑，得到的回答却让我对“墨烟张”的墨条又多了层认识。

“墨条有方条墨和圆条墨，按其重量，最重的两条就有一斤，我们叫‘两条墨’，也有四条、八条一斤的，最小的是‘八十条墨’，就是八十条墨加在一起的重量才达到一斤。”张老爷子拿着手上的墨条继续向我介绍：“不

掌握烟墨制作全套工艺的张汉昌老人。

（王导 / 摄）

同规格的墨条满足不同的需求，书画家、美术家用‘两条墨’、‘四条墨’最适合，而中小学生就最喜欢‘四十条墨’和‘八十条墨’，各取所需，皆大欢喜。”

我心里暗想，这可真是巧了，难道贵重的东西都以相同的方式来区别大小规格？就像贵重的食材鲍鱼，有“四头鲍”、“八头鲍”的说法一样，“烟墨张”的墨条也被称为“两条墨”、“十条墨”，一斤重量的材料，做成几条墨，这个规格便称为几条墨，真是有趣，有趣。

我顺手拿过一根墨条，上面写着“九如”，便问张老爷子这是什么意思。

张老爷子笑呵呵地说：“‘墨烟张’的墨条上都有用来装饰和区分品牌的文字，每种规格上的字都不一样，你瞧我手上这条就是写着‘五百斤油’，还有‘金不换’、‘龙翔凤舞’、“文雅斋墨”等等，都有深刻的文化内涵，包含了各种学问。就像你手上的那支写着‘九如’，就是如日、如月、如星、如山、如水、如风、如云、如江河、如海洋，比喻天、地、人的永恒不谢。”

“哦，原来如此，这‘九如’，我想，不单比喻天地人永恒不谢，还寄望着对‘墨烟张’永远兴盛的期待吧。”

“对，确实是这样，谁不希望‘墨烟张’能代代传承，永保兴旺呢？”我的一番话，让老人一下子回到了过往，回忆起‘墨烟张’的历史由来。

以松香燃烧取得烟炱作原料，制成一定形制的墨锭，是我国人工制墨中最为重要的一种墨品。用这种工艺制墨的，如今主要存在于两个地方。其一是安徽省徽州的绩溪县、屯溪区、歙县等地，1915年在巴拿马万国博览会上荣获金质奖章的“地球墨”就是歙县墨店的珍品。而另一个地方，

烟墨的制作模版。
（王导／摄）

就是兴宁的 “墨烟张”，而“墨烟张”的师承，就是源自安徽。

为什么安徽的制墨工艺会传到兴宁呢？

在200多年前，有一位安徽的制墨工匠经过福兴大社下时，因身体有病，栖息在村里的一个凉亭内。由于缺医少食，病情不轻。大社下的张姓村民见状，便把他接到家中，为他治病，悉心照料。数月后，这位工匠恢复了健康。因被张姓村民的善良所感动，这位工匠把自己烧烟制墨的技术传授给了张姓群众。从此，大社下的村民开始兴起烧烟制墨业，而当地也被称为“墨烟张”。

20世纪四五十年代，“墨烟张”的烧烟制墨业达到了高峰，几乎家家户户都会制墨，鼎盛时期，村里制墨作坊有二三百户、工厂几十家，在县城还有二十多家专门经营 “墨烟张”的商号，“墨烟张”一度名扬国内外。较出名的品牌有 “张坤记”、“张兆记”、“张仁记”。生产的墨不但在本县、本省，江西、福建、海南等地畅销，而且远销港台地区和新加坡、日本等国家。

说起这段往事，张汉昌老人笑着说：“你们后生人是没经历过了，在‘墨烟张’的鼎盛时期，你来村里走一趟亲戚，回去洗脸，水都是黑的，那个时候，就连飞过村子上空的麻雀都是黑的呐！”

老人脸上的笑容一闪而过：“可惜，后来随着时代的变化，人们书写用上钢笔、圆珠笔、原子笔，很少使用毛笔了，而且墨条这种手工制作的产品也逐渐被机械生产的墨汁所代替，所以‘墨烟张’也就渐渐没有了市场。到了70年代，烟墨生产的作坊和工厂已经很少了，到80年代初，整个‘墨烟张’就完全停止生产了，再也没有年轻人学习制墨工艺了，我的手艺也整整荒废了30年。”

“但你手上的墨条，不是最近才制作的吗？”我见老人想起往事来感触颇多，连忙转移话题把他拉回现实。

果然，一提起那几根墨条，老人脸上又绽开了花：“俗话说的三十年河东，三十年河西，说得真是不错，现如今，兴宁正在大搞文化建设，这制墨业，又可以重见天日，有所作为啦。”

老人的欣喜不是没有道理的。

虽然“墨烟张”生产烟墨的历史已成为过去，一度断层长达数十年，但曾经的辉煌却一直在激励着“墨烟张”的后人们。如何让“墨烟张”重现生机，在新时代焕发出动人光彩？“墨烟张”的后人正在用实际行动摸索着。

新联村的支书张钦欢，最早察觉了时代的风向，他委托张汉昌老人用传统工序制作了上百条墨条，以人大代表的身份，在梅州市人代会分组讨论时，向代表们展示了“墨烟张“的墨条，引起了市委领导的浓厚兴趣，当即表示：在加快“文化梅州”建设、发展旅游业的今天，传承和发展 “烟制墨”，就是把文化转化为生产力、转化为有效的经济成果的生动体现，一定要保护好这样一个难得的民间工艺，让它保留并流传下去，成为“世界客都”的一张名片。

据张支书介绍，新联村的村委会将搬迁新址，原来的村委会的会址经过改造后，将用来做墨厂，生产墨条。现在的“墨烟张”不但有技术、有制墨工匠，而且烧烟制墨的工具一应俱全，不需要过多的资金投入，即可恢复生产。在市场开拓方面，首先打算加强产品包装，让墨条成为政府和企业馈赠宾客的高雅礼品，同时，与本市乃至本省的书画界加强联系，积极推销，争取让“墨烟张”的墨条成为美术界人士的首选用墨。另外，争取打入旅游市场，让墨条成为本地的文化产品，销售给外地游客。

离开了“墨烟张”，我记住了张汉昌老人脸上笑逐颜开的神情，我记住了张钦欢支书雄心勃勃的介绍，这些，都让人不由得相信，在不久的将来，“墨烟张”的风采定会重新展现在世人面前。

而我也终于找到了答案，为什么“墨烟张”可以历经低谷再放异彩，那全然归根于两个字：“人文”。

追溯到“墨烟张”的起源，就深深地烙下了兴宁的人文色彩。一位安徽制墨工落难兴宁，这或许是一个偶然，但“墨烟张”的兴起，却是一种必然——若不是兴宁人的乐于助人、善良淳朴的品质，那位制墨工也不会与“墨烟张”结下不解之缘——若不是兴宁人自古崇文重教，读书风气浓厚，墨条极受欢迎，市场需求量大，那位制墨工也不致于无端端的把制墨工艺无私传授。

而同样历经时代变迁，那些曾经一起辉煌过的“索麻罗”“菜篮陈”等手工业，一沉不起，偏偏“墨烟张”可以起死回生，也全赖这“文化”的内核——搓麻绳也好，编竹篮也罢，这些是生活实用的需要，当面临现代化规模化生产，其被历史淘汰就成了一件顺理成章的事。而“墨烟张”墨条，既是书画艺术实用的需要，更是人文品位的精神需要，颇能代表兴宁的文化色彩和人文深度——这些，都是冷冰冰的机器化生产代替不了的——即使因为时代的原因，因为经济的原因，会有明珠蒙尘的时候，一旦时机成熟，其深厚文化内涵，就会绽出灼灼光华。

从这个意义上说，“墨烟张”，就是兴宁人文文化的一个缩影。“墨烟张”的再次雄起，是兴宁文化挖掘和保护的又一成就，也是弘扬客家昌盛人文的一次成功。

广受欢迎的“墨烟张”墨条。
（王导／摄）

乡间的村落，总教人留连忘返。
（杨毓添／摄）

留连乡间小镇

我常打着探访故友的旗号，很随意地去到某个乡间小镇，羁留个三两日——必能给你一种生机盎然、别样趣味。

兴宁地处粤东北，虽少见夺人心魄的名山胜景，然乡间的小景小致，多不胜数，俗世中打拼累了，想要休息生养放松数日，那就回家去寄情于原生态的山与水，最是合适不过。

很多故旧挚友，扎根于兴宁的各个乡镇。乡间的小镇小村落，虽然略显冷清，然友人们安心其间，仍是乐也融融——我常打着探访故友的旗号，很随意的去到某个乡间小镇，羁留个三两日——必能给你一种生机盎然、别样趣味，无论这个小镇是联结交通，地处平原，抑或偏居一隅，隐于山峦。

乡间小镇，最醉人的，该是那山岭叠嶂和水抱溪环。

这里的山，不险峻，但一望去却有种深邃。山是湿润的，如同一块碧玉，给水浸透了一般，这灵动之气，源自那汩汩而流的清泉和那幽幽轻漫的水气。

这里的水，从山的深处，平静而和缓地渗出来，汇聚成滴、成细流、成小溪，再幻化成雾、成霭，成流岚；水，从山中来，又绕着山走，又弥漫在山的周遭。

流动的水，是山的声音；飘着的水气，是山的呼吸；山，因此而有了灵魂。

凝峙的山，是水的屏障；错落的山石，是水的巢穴；水，因此而有了依靠。

乡间小镇的山与水呵，总让人陶醉，不愿匆匆离去；而好客的友人，总是善解人意，挽留着非得让我住上几天。

既是多年老友，我当然不拘礼，也不去想会否打扰了友人家的妻儿老小——然而我若客气推辞，不但显得生分，更是心口不一。

很多时候，才在这个镇上的友人家叨扰了几天，旋即又到得那个乡村，在另一友人处盘桓数日——也不知道那乡间的小镇村落里，究竟有什么吸引力，竟使得我如此的留连忘返。

周末，带上家人，
到池塘小溪去捉小鱼看蝌蚪，
到田间地头去嗅一嗅稻花的香，
是何等畅快的一件乐事？
（彭庆凯／摄）

那里，是处于群山的心脏之中，一个不太为外界人知晓的小村落。

说是村落，其实每个山头就住着一两户人家。总共十来户，却占据了七八座山头，把村落的范围扯得老远——在这里，同村人的概念，是隔着几座山十天半个月不打一次照面的人。

一棵古榕树孤零零立于这几座山围成的小小盆地的中心，一条小河打山那边而来，很痴情地绕着榕树徘徊了一阵，才又不舍地缓缓流走——居然，河上有一座做工极精巧的石桥，可供通过。

朋友的老屋建在山腰，看那石和砖，显然很有历史了，古旧得很。从大门望去，里边塞满了干燥的枝丫及不知名的枯草，那大概是用来生火的吧。门前有些石块，几只旱鸭无所顾忌地用嘴拱着土。

依着老屋的旁边，竟然搭有一个小竹楼，是友人读书时的书房——在兴宁，极少见这种纯粹用竹子搭的小阁楼。便沿着也是用竹子搭的楼梯上去，双脚一踏到竹梯，便吱吱咯咯地作响，响声荡漾在幽静的小村中，别有一番韵味，倒叫我有种别样的兴致，暗自再用点力，以期发出更大的声响，回旋于空谷中。

从阁楼往外张望，大朵大朵的火烧云，就在对面山头的上方可劲地燃点绽放着，使整个山谷都涂上了一层明晃晃的大红胭脂——然而，另有一种色彩，在这霸道的红光映照之下，仍然特立独行，不为所动——那就是近在眼前的绿，密密麻麻的绿——地处半山的阁楼外边，是漫山遍野的无数簇的修竹，在风的摧动下，如同波浪，如同瀑布，簇拥着翡翠一般的绿，一层，接着一层，直朝你逼来，你的心还来不及抵抗，便被缴了械，你的大脑还来不及准备，就已然全部接纳了它——如同绝代佳人回眸一笑，你瞬时触了电丢了魂——轻风送过，摇曳着树，摇曳着你的心——不但你的心，连整个儿身躯都要随那起伏的绿意而翻滚起来。

探出身子往下看，山是呈大坡度向下倾斜的，那竹子组成的绿浪也便倾斜着往下坠，我的视线也便跟着倾斜往下坠，就像雪球往下冲一般，越冲越快，再也不能够停下来，一直下坠，下坠，一直坠入谷底。

视线终于到达谷底，我有一种从高处蹦极而跳才有的离心感觉，心中一下子空落落的，却又无比的刺激，脑门子里溢出一股极舒服、极满足的，长长的一口气。

再眨眼时，我疑心我是否能飞身而出，隐入那一片大竹海中，如同《卧虎藏龙》中的李慕白，仗剑立于竹梢之上，随风而荡。

这儿，却又是另一个小镇了。

临近傍晚，天竟然淅淅沥沥地下起雨来，友人遂于家中烹了几味家常小菜，把盏而至微醺。

至夜深，雨初歇，酒既醒。山乡小镇尤觉清静，便驱车沿着乡道，环绕着小镇，远远的溜达一圈。

车，轧着路上薄薄的一层积水，清晰地传来轮胎与地面嗒嗒的摩擦声，油门轻垫，信马由缰。

日间尚且人影疏落的小路，此时更没有多余的打扰，农人们大都早已睡去．只有此起彼伏的蛙鸣，只有春天田野的味道，只有夜凉如水的风。如此佳境，激发起无尽的诗兴，与友人互相诵读起了唐诗宋词，唱和之间，自得其趣，虽是俗人，也得风雅。

忽然在前方右侧的一片农田里，闪了几闪，是电筒划出的光。

大喜过望，驱前、停车、熄火，出得车来，深吸一口气，遥向光亮处喊了一声："是在抓蛤蟆还是照黄鳝？"

——如果你曾经有在农村的经历，当不会讶异。这样的雨夜，一个人手持电筒

行走于乡间，
总有不经意的美丽呈现在你眼前。
（李永芳、罗志敏/摄）

出现在一片广阔的田野里，还能干什么营生？当然，环保倡导者和野生动物保护者们，或许会责备我的反应和举动，但身处这等光景，我惭愧，我将这些都抛到九霄云外，只剩下惊喜。

果然是在抓蛤蟆！在捕者的布袋里，约有十来只，问了价，抓过来最大的几只，没有秤，掂量掂量，约摸两斤，捕者却只收了远比叫价低的钱——除了因为捕者与友人相熟的缘故，大概更因为在这种时分，实在难得居然有买家偶遇，一个缘字罢了。

也不急着回去，继续前行，来到一处桥边停下。桥不长，却高高的跨于两山之间，人站在桥上，黑的山，白的溪，灰的气，耳边是流水潺潺，仿若仙境。

雨完全收住了，风把厚厚的云层也刮得薄了，天上隐隐有月的踪影，却仍难得一现真容。虽然是暗夜，却总也害怕不起来——这样的天籁，正合惬意安宁感受，岂容魑魅魍魉存身？

再往前，友人找得路旁一处山泉出口，滴滴答答地在流着。今天的雨下得大，但从岩石缝里钻出来的，被大山过滤了千百层的泉水，却一如往日的小，一如往日的清澈，花了半个小时，才接满了一桶的山泉。

就在接水的当口，月亮忽儿露了小半个脸，却又刹那间隐在云层中，四周都是黑的，只有车灯照着的范围内，那湿漉漉的路边小花小草，和那泉水滴出来的一汪清泉，泛着奇异的光。

心满意足，且归去吧。归去兮，归去！

凌晨时分，一壶山泉冲泡的佳茗，两碗蛤蟆煲的清甜的粥，足矣，足矣。

另一处乡间，又一个夏夜，几个老友闲坐。

十几二十年的相知相处，该说的该聊的都早已谈了个遍。何况真正的老朋友，不外乎是一种淡淡的无话可说的守恒。

闲着也是闲着，在山间悠然无事地过了三两晚，静极而生动，早已不年轻却仍旧不甘平淡的脑壳里，总会有意想不到的念头。

有人挑了个头讲起了鬼故事——在这种深山幽谷的夜晚，这也许是最能刺激神经的了。于是乎，所有形态各异的鬼的形象，所有曲折离奇的鬼的传说，都被我们拉来说了一通。

哪怕是几个阅历丰富的汉子，在这寂静的山乡之夜，密集地听到如此多的活灵活现的关于鬼的故事，也不能无动于衷。原先散开来坐着的几人，竟慢慢地不自觉地挤成一堆，互相警惕着，唯恐一时不注意，身边的伙伴就会在黑暗中一刹那变成了一只厉鬼。

那村落中点点灯火，也成了飘游不定的鬼火；一阵风袭来，也成了猛鬼现身的先兆；甚至竹栅上面偶然有声响发出，也令人心下惴惴。

尽管越说越可怕，但谁也不想去中断——那种特别的刺激令我们有种奇怪的快感，谁也不想失去这难得的，被自我恐吓后的，畸形的快意；而且，谁也不愿意等同于认输般地去主动地提出中止话题——这也许就是男人的特性了。

直到有朋友说要到山下那口井边去洗澡了，大家巴不得有个借口转移话题，当然一致同意，长舒了一口气，终于将鬼故事停了下来。

然而在去往井边的路上，那种长时间累积的恐怖感不仅没有消失，反而更加笼罩着众人——总感觉背后有什么东西在一步步跟着来，似乎它呼吸的气息也已经到了脖子边——于是大家便故意把说话的分贝提高了许多，更把提着的水桶脸盆拍得轰轰作响，以图驱走那挥不去的怪诡鬼影，但却没有作用。

终于到了井边，不知是谁嚷了一声：“不如裸浴吧。”

哪有不响应的道理——环顾这小村落，风凉水冷，空气如洗，如此美妙的意境，在黑暗中窸窸窣窣了一阵，几个人都光溜溜的一丝不挂了。

不知不觉间，刚才被重重黑幕笼罩的月光，也极温柔地洒落下来，宁谧而圣洁。挥挥手臂，仰天长啸，把胸中块垒，尽数散去，只留下一个简单而纯净的灵魂，与这个无暇的环境融为一体，与这美妙的自然混和了。

月影中几个无拘无束的人，放下了平日的枷锁，如孩童般打闹，嬉戏着——不但形体上无拘无束，精神更无所羁绊，已完全将自己融入这山间小村落的夜晚，笑声随夜风四散，充满了每一个角落。

把一桶满满的水举得老高，往脑门猛地一冲，顿时打了一个激灵，甩甩头，一切在电光火石间突然消失，脑中空空如也。所有日间的烦恼，刚才暗夜的恐惧，都被这一桶水冲得无影无踪、一干二净。

夜深了，抱了床被子，斜倚着床头，看满天的星斗眨了几次眼，也就入了梦乡，梦里没有自找的烦恼，没有虚幻的恐惧。

这些美丽的乡间的小镇和村落，清静、安然，却如同一块引力巨大的磁石，生生地吸引住我，使得我如此的留连忘返，让我更觉家乡之美、更念家乡之情。

远眺阳天嶂，一山耸峙，众鸟飞回。
（王导/摄）

登阳天嶂记

如果说神光山之于兴宁，是一位平凡而伟大的父亲；阳天嶂，便是用强有力的臂弯，为你撑起一片天空，是始终值得信赖和依靠的兄长，一个顶天立地的奇伟男子。

阳天嶂位于最北端的罗浮镇，横亘于粤赣两省之间，海拔1017米，兴宁第一高峰也。

“嶂”，特指山峰高峻、山体庞大，像天然屏障一样的高山。“阳天嶂”，其大名之由来，我并没有去认真考证，如果只从字面来推敲，我猜测除了言其山势挺拔，颇具阳刚之美外，多少还有那么一点欲与天公比高、与旭日同辉的意思吧。

因了我对户外活动的喜好，广东标高千米之上的山峰，也曾涉足登临过一些。每每听闻驴友们说起又在哪里哪里发现了一座景致秀美的山峦，便总心里惦念着、计划着，恨不得尽早去一亲芳泽；唯家乡的这座阳天嶂，虽然早就知道了它的存在，这么多年来却始终没有打算想要去探访一番——它近在咫尺，在我的思维中，它亘古以来都安然地立在那里，静静地等着我，我似乎永远不用担心会失去它——人世间，大概许多事情都是如此吧，越是离自己近的，越是容易得到和达成的，反倒不太为意，听之任之，直到就此失去，才觉特别可贵。

可是，总有一天，当你成长成熟，当你蓦然回首，你会珍惜你的身边，身边的人、事、物、一切。

遂与好友相约，决定攀登这兴宁第一峰，会当凌绝顶，一览众山小。

由兴城驱车，途经宁中、龙田、合水、龙北、岗背、大坪、罗岗等诸镇辖区，一路向北。虽一路穿村过镇，然乡间交通已然相当便利，并不多时，已经到得罗浮镇府所在地司城。

由司城去往阳天嶂，约莫十五公里，是更小的山村小路，其道虽不甚宽，亦已全部硬底化，虽曲折蜿蜒，但小车直驱山脚却是完全没有问题——这个题外话我不得不提，就是如今兴宁的乡道村道的路网，非常完善，罗浮镇更是令人印象深刻，就算是一个深山中的小村，也专铺一条道路可供车辆前往——更可喜的是沿途乡村风光无限，稻田、小屋、蓝天、绿竹，宛若画中，令人心情分外愉悦。

一路都在山与山之间起起伏伏，在一个高处，友人指着远远的前面一座山峰说，那便是阳天嶂了，正待仔细瞧去，忽然一个急弯，变了方向，又下了坡，被前面的山遮挡住了，已不可见。

路移景变，也不知绕了多少重山，海拔缓缓升高，终于到得阳天嶂的山脚。山脚有一寺，唤作金华寺，初来乍到，正好入寺稍作歇息。

此刻正是秋老虎发威的时候，酷暑未消，呆在城中还是闷热难耐，到了此处，温度却骤降不少，与兴城相较，至少得有七八度的温差，甚为清凉，一阵风吹过，体弱者或许还要打个冷颤了。

山中天气原本多变，刚才还是晴空一片，艳阳高照，此时却风云突变，瞬时阴沉了下来，还飘了一阵雨丝，空气中湿气大增。那山腰之上，已是生出来云遮雾绕，整座山，从山腰之上，全被笼罩其中，恍若神龙若隐若现，颇有神秘之感。

我先前自恃有友人作向导，虽是初登此山，但也没有更多地了解它的信息，也不知要登上这阳天嶂，难度如何，强度多大——这倒是犯了户外登山者的大忌，此时又见乌云密布，天地失色，也不辨山高几何，路险几分，不禁心下惴惴，这兴宁第一峰，难不成是责怪我如此许久之后才来造访，存心要给我一个下马威？

然而却是多虑了，在门前凉亭与金华寺住持方闲聊了几句，便来了一阵大风，那漫天的浊气便消散无踪，经行中天的太阳又再次探出头来，明晃晃地照着登山之路，似是老天有意引领，令人顿生征服高峰的豪气。

金华寺旁的小路，便是阳天嶂的登顶之路。这条山路既直且陡，基本没有分岔，亦不见高低起伏，也没有空阔的回旋之地可供休整，一路是直线急升。

有户外经验的人都知道，急升是最消耗体能的，连续的急升更是对人意志的考

登临斯山，石奇松异。
（王导 / 摄）

验，果不其然，不到一刻钟，同行者中便有人不得不停了下来，倚着路边的石块或是树木喘息。

然而急升却有一个最大的好处，就是省却了盘旋而上的路程，可以直取目标——对于一个体能充沛，登顶的愿望又特别强烈的人来说，是一件好事。就阳天嶂而言，约摸个把小时，强健者可用更短时间，便可直抵山巅。

当然，登山的乐趣，除了直奔顶峰之外，在路程中，去体验，去发现，更是一种额外的收获。

阳天嶂，林壑幽静，山峦俊美，更因地处偏僻，人踪不多，宛若养在深闺的少女，温婉秀丽，内涵丰富。行走于山中，林荫蔽日，山风拂松，空气清新，正合贪婪地攫取。倘若季节合适，指不定你会发现路旁一两株野生的杨梅或山楂，顺手采摘，足以生津止渴，暑热全消；又或者冷不丁窜出一只白鹇或是黄猄，正待趋前去细细观察，转瞬间又消失在密林之中，逗得你心痒难耐；更别说一路上不时出现的怪石，或似鲤鱼的嘴，或似野猪的身子，引得你评头品足，忘却登山的疲累，不知不觉间便接近了山巅。

豁然开朗，前面再无遮挡，只见两块飞来之石横卧峰顶。巨石之外，漫山遍野的，全是罗浮镇特有的野生高山油茶树，株株都挂了累累的果，枝枝都绽放着的灿烂的花——却是别的山罕有的吧，这正是阳天嶂最具标志性的景观。

这便是阳天嶂，这便是阳天嶂之巅——从兴城出发，到司城，到山脚，再一路上山，我都神色自若，没有任何的异样。当我真正一脚踏上巨石，登临兴宁第一峰的最高处，竟然脚下发麻，微微颤抖，禁不住心潮起伏，情难自抑——只有我最清楚，这样的状态并不是因为登山而消耗了体能，而是来自内心中一种异样情感的冲

阳天嶂山脉延绵，如同巨人张开怀抱，拱卫齐昌一邑。
（王导／摄）

击——就像原本波澜不惊的水平面，突然起了滔天大浪，翻江倒海，再不可收敛——这却又是为了什么样的原因？要说是阳天嶂的山高景美令我震动，可我也曾奔走青藏高原，也曾登临三山五岳，这区区千余米的山峰，又何致于让淡定的我如此激动？又何至于莫名的心绪难宁？

如果你想理解我的心情，且张开双臂，微闭双眸，让身心放松，去与阳天嶂融为一体，感受它的无尽魅力：那风霜雪雨，仿佛全于此处收拢，回旋三匝，方继续北吹南落；那日月星辰，恍若全于此间汇聚，经停片刻，才再次东升西落——阳天嶂，就像一道天然的屏障，稳稳地扎根于大地之下，拱卫着兴宁全境，用高大的身躯阻隔寒流，用延展的山脉藏风聚气，令兴宁风调雨顺、物阜民丰——如果说神光山之于兴宁，是一位平凡而伟大的父亲；阳天嶂，便是用强有力的臂弯，为你撑起一片天空，始终值得信赖和依靠的兄长，一个顶天立地的奇伟男子！

如果你不是一个兴宁人，如果你不是一个热爱兴宁的人，是绝不可能体会这种情感的——身处齐昌之巅，面朝南向，前面再无高处可阻，兴宁全境尽收眼底，一种冲动刹那间充斥着你的四肢百骸，让你热血沸腾，让你意气风发——站立于阳天嶂之巅，仿佛能感受到这位铁骨铮铮的兄长的强大气场，不管你平日里是多么的渺小和不起眼，也不管你平时是如何地妄自菲薄，在此时此刻，只要你站在阳天嶂这位巨人的肩膀之上，都会不由自主地产生一种豪情和骄傲：为了这生我养我的一方热土，为了这人生中的起点和最终归宿，为了我们共同的兴宁，像阳天障一样，象一位真正的男儿，去勇于承担，去默默努力。

阳天嶂，山如其名，有如斯阳刚的力量，能激发人的无穷斗志，能唤醒人的责任担当。

去攀登一次阳天嶂的顶峰吧，至少一次！去站在兴宁之巅，眺望世界和未来；去与巨人比肩，磨炼你内心本该具有的强健气质。

日落之后，犹驾一叶扁舟，
去享受渡田河的静美安宁。
（王导/摄）

迷人的渡田河

这一条让我们惊艳，让我们一见钟情，却又仅止于一次美丽邂逅，便要匆匆而别的渡田河，应该可以算作是你我心中的情人河吧。

山高莫如阳天嶂，水美不过渡田河。

罗浮地界的这一山一水，有趣得很，都处于与别省他县的交界之地——阳天嶂界分南北，山南属广东，山北划江西；渡田河水隔西东，东岸为兴宁，西岸乃龙川。

选个晴好的日子，放下所有的羁绊，在码头租一条船，游曳于渡田河中——最好是两支木桨的一叶扁舟，吱吱呀呀的投入河的怀抱，是何等的浪漫情怀？倘若是机动船，你得叮嘱船家，请他别开那么快，只需让船的发动机滴滴滴滴地小声倾诉着，徐徐地划过那宽而安静的水面——因为，你只想在水之中央，将自己与渡田河交融在一起，而不想让马达的咆哮声，盖过那偶尔扑棱着掠过你眼帘的一两只江鸟，发出的那一声长长的“嘎……嘎……”的天籁之音。

水面很宽，在最宽处，且停下来，静静的，让船自由地随水流微微起伏飘荡。这时的前后左右，陆地山峦似乎都离你远远的，那感觉仿佛不是在一条河中，而是在某个静谧的巨大湖泊。你不妨就坐在船舷上，慵懒地舒展身体，深吸一口清新而湿润的空气，那空气中的负离子，仿佛迅速游走于你的神经末梢，让你四肢百骸都酥了去——或者，你会忍不住纵身一跃，化作河里的一条鱼，在渡田河暖洋洋的水中，有节奏的，轻柔的，划动。肌肤接受水流的抚慰，耳朵倾听水流的呢喃，这种感觉简直妙不可言，舒服得甚至让你会想，不如就在这水里好好的睡上一觉吧。

两岸的山丘，连绵起伏，虽不以外型奇特而见长，然峰峦叠翠，风姿绰约，却是另有一番风味。你若有兴趣，大可交代船家驶近其中一处，上得岸去，必是一方洞天福地，古藤、奇洞、野果……若是运气好，在某个岩石缝里，会忽然窜出来两只野兔，你吓了一跳还没回过神来，又已倏地钻进了另一个石缝；或是那茂密的林中，飞出来五彩斑斓的锦鸟，你惊叹其羽毛之华美，刚举起相机想记录下来，它又已经飞远在山的另一端了……总之，从水中上得岸去，自有另一番收获，定不会让你失望而归。

渡田河是东江源头，水质上佳、生态原始，
鸟窝、山坑螺，
看似平常之物，尽得天然之趣。
（王导／摄）

至于那水边沿岸的一带，由于河水千万年的起伏侵蚀，有颇多偶然露出水面的奇石怪柱，很具观赏价值，也更可发挥你天马行空般的想象力：是神龟驮物？是灵猴拜寿？还是观音下凡？你的思维有多发散，那石头的变化就有多丰富，反过来映照在你脑海的形象就有多逼真，单单是倚在船上驻足赏石，便足可让你玩味好久哩。

更别说那渡田河里的鱼和虾了！要知道，有什么样清莹的水，就有什么样美味的河鲜——渡田河是东江的上游源头，而东江的水经河源到了惠州一带，还能成为供应香港市民作饮用的上佳水源——那这源头水质之优，自是不用我多说。照此看来，到得渡田河，不吃上一顿河鲜，岂不是可惜了？

说到河鲜，我不禁舌尖生津了，想想那渡田河鱼虾之肉坚味鲜，我早已是味蕾攒动，恨不能飞到那河中浮排之上，来一盘美极小虾，点一尾清蒸河鱼，击桌而欢，对酒当歌了。

…………

宁江河与渡田河，这兴宁境内的两条大河，同样是发端于北边一带乡镇，同样的让我无法忘怀。

从北至南几乎贯穿了整个兴宁大地的宁江，完全配得上是我们的母亲河——从支流到干流，从源头到终点，都是那么朴实无华，却无时不刻在哺育和呵护着兴宁的子民，她的默默无私和平凡伟大，总让我们铭记和尊重，在我们的心底，对她就像对自己的母亲一样，爱她爱得深沉，深沉得连自己都难于察觉。

那么，这一条在罗浮划了一道弧线，便转而西去，流往他处的渡田河，这一条让我们惊艳，让我们一见钟情，却又仅止于一次美丽邂逅，便要匆匆而别的渡田河，应该可以算作是你我心中的情人河吧——和她在一起的时光，是如此的美好，令人久久回味；又是如此的短暂，令人倍加珍惜。在我们的情感中，对她就像对初恋情人一般，爱她爱得热烈，热烈得有些忘记了自己。

如同记忆中的初恋那样，她既有妩媚和柔情的一面，也有泼辣和野性的一面——平日里柔美的渡田河，就曾经给过我另一种震撼的美。

那是几年前的一次，与友人畅游渡田河，一时兴起，就让船家一直开到了龙川县境的彭坑大桥下，饱餐一顿河鲜，回程时又在岸边山中勾留甚久，直到黄昏才依依而归。本来大半天的行程已经让人心满意足，心情愉悦，没想到渡田河竟又额外送我一份惊喜。待回到码头，下得船来，不经意间的一回首，竟然看到一幅壮丽无比的画卷，让我如痴如醉，半晌说不出话来。只见那行将落山的夏日，仍旧散发着无穷的热力，在西边山巅的最远处将万道霞光照将过来，将整条渡田河全染成了一片灿烂的红色，在一层层的波光潋滟中，河中水面倒影出连串起伏的无数颗太阳的影像，将整条河，整片山，整个大地，全笼罩在一片苍劲的彤红之中，那种雄浑的气度，那种令人窒息的美，在我脑海中瞬时定格，蓦然间浮现出唐代诗人王维的一句诗："大漠孤烟直，长河落日圆。"

由于那一次的渡田河落日实在壮观无比，让我印象深刻，在之后的一段日子里总是挥之不去，总想着再续前缘，想再一睹奇景。然而接下来的几次前往，却要么是淫雨霏霏，要么是阴翳遮日，均不可得，时日一长，便也逐渐意兴阑珊，淡忘了。

又越数月，再一次到司城采风，由于另有事宜，渡田河并未列入此次行程之中。

临近傍晚，正与友人在客厅品茶叙旧，突然一抹斜阳落在窗外，明晃晃的一片金黄，这片金黄一下子刺激了我的神经，潜伏在我的心中，原本以为早已淡化了的对渡田河落日奇幻影象的激情，刹那间又重新被点燃了——如斯的落日，此刻的渡田河畔，该是何等瑰丽！

时不我待，机不可失，即刻放下手中茶杯，跳起来拉扯着几位友人，匆匆驱车前往渡田河码头。

由罗浮镇的司城到渡田河码头，约莫十二三公里，一路的山环水绕，风景秀美，此刻却是无暇多顾，一边祈祷那正在一点点西沉的太阳走得慢一些，一边又不知不觉间加大了油门往前赶路——心下忐忑，想，这回该不会又一次错过吧？

车飞驰着，一到码头，还来不及熄火，便跳下车来，拿起相机对着渡田河的方向猛按快门。可是，为时已晚，只不过一秒钟，真的只是一秒钟，方才还露出一截脸庞的日头就这样消失在一座山峰的后面。想象中那热烈的河面，瞬时间冷却了下来。就仅仅是一秒钟，这该死的一秒钟，就再见不到那一次的雄奇景观了，再见不到似烈火般燃烧的河水了！

友人知晓我的失落，纷纷凑上前来，嘴里不断嘟囔着："唉，早来几分钟就好了。"神情之中显得比我还要沮丧三分。

我也无奈地摇摇头，忽然又大叫一声，猛地往前冲向水边。友人们见我行为异常，忙又跟了上来，我在河边站定了，示意友人们稍安勿燥，重又举起了手中的相机。

原来那太阳虽然已完全隐没在群山之后，然而余晖却映照着西边大片的云霞，薄的白云被照得透亮红艳，厚的黑云也呈现一种深邃的蓝黑色。只见河面之上，黑色、青色、蓝色、黄色、红色、白色，交相混杂，一抹抹相间在天空中，宛如上了涂上了浓墨重彩一般，有一种极浓厚的层次感，再映落在水面上，整个世界仿佛有一种沉寂的神秘的气氛。然而这种神秘却并不使人可怕，此刻恰好有一条游船归来，游人们游兴未消，一个个跳跃着下了船来，欢声笑语正好打破了宁静，让这略显清静的暮色增加了几分生气，那一静一动间，那天地山河间，岂不正是一幅无法描摹的天才油画作品？

我不禁感叹自然的造化之功。让渡田河在我面前呈现出如此多彩多姿，有雨中的幽然雅致，也有晴天的清朗俊秀；有落日时的壮怀激烈，也有这日落之后的黯然销魂。

美哉，渡田河！你真是天生多变的尤物，让人迷恋无法释怀的情人。

乘兴而来，尽兴而归。
（王导／摄）

静待华丽蜕变的熙和湾原生态实景：
水域绵延、湾湾相连，
宛如藏于秘境的一块天然翡翠。
（王导／摄）

憧憬熙和湾

我可以作出更大胆一些的预言，“熙和湾”，就像那大洋彼岸扇动翅膀的蝴蝶，其带来的波澜效应，将改变兴宁的气质和格局，从这个意义来说，无论我倾注多少笔墨去记述它，都不过分。

我对家乡景致之迷恋，诚不自欺。无论是神山宁水，还是合水水库、和山岩，抑或阳天嶂、渡田河，藉由笔端勾画出来，文采未必斐然，辞藻或欠华美，然自在心底里爱着，字里行间就有一种或浓或淡的乡情，镜头之中就有一种若即若离的依恋，这么些本不足道的小山小水，小景小趣，便也自有一种小家碧玉的温婉气质，让人亲近，让人挂牵。

如果是兴宁人，上述去处，你定然曾经涉足，我笔触轻轻一带，不需太多煽情，足可勾起你无尽的念想；倘若是外地朋友，未必会轻易点燃那灼热情感，却仍能从我的镜头中去认识和感知这些秀美山水，在内心中便也自会有一种共鸣。

这些景致，有历史，有人文，有故事，我大可以娓娓道来，诗情画意般描述于您；这些山水，有亭、有塔、有桥，我亦可在最好的季节选取最漂亮的角度，如梦似幻般呈现予您。

然而，如今要带你前去探访的一处佳境，怕是不单没有多少人去过，就连听说过的也不多吧——即使在兴宁人的感觉当中，此处也似是籍籍无名，仿佛亘古以来，就是一个未被发掘的秘境。

——兴城东北郊，离城十数里，至永和镇境内，有一处水域，景色秀美，环境清幽，野岭层叠，曲水环绕，在过去，当地人皆称其为“黄泥陂水库”。

此处山青水美，却不像那些有年头有传承的去处，似是一切为零，仿佛笔下并无可供说道之处；这里山环水绕，却暂不见亭台楼阁踪影，似是空无一物，仿佛镜头并无拍摄构图之方。

可是，我却偏偏要郑而重之的推荐这片水域——不为别的，就为它一切为零，就为它空无一物——只有洁白宣纸，方可描绘出最为炫目的图画；只有原生璞玉，方可雕刻出最为瑰丽的大器。

——我几乎可以肯定，“黄泥陂水库”，在善绘者的笔下，注定会展开层层壮美画卷；在善工者的刀下，注定会雕琢成件件传世美玉——为此，有幸见证

熙和湾地理位置相当优越，离城区9千米，国道G205经永和中学后不久即至，既得幽静又享便利；从穗、深而来，则有高速G78于侧畔而过，连结八方，无远弗届。

（王导/摄）

它即将惊艳蜕变的我，不单要记录它生态优美的当下，更要向你描述它将要华丽转身的明天。

以“黄泥陂”命名这片水域，很直观，很质朴，很见乡土气息——围绕着一片大的水域，有着许许多多黄色泥土的山坡，很自然的，这个地方便被叫作了“黄泥陂”。

在兴宁，以如此方式命名的地方比比皆是——恰如兴宁人给小孩子取个乳名，总是不太经心：若是一个男孩，头发长得不黑，便叫作“黄毛古”了；若是一个女孩，五官长得清秀，便叫“标致妹”罢，随口而出，随性随意，也不特别讲究。

然而小小孩童，终有一日会成龙成凤；今朝默默无闻之辈，来日不定声名赫赫。“黄毛古”也好，“标致妹”也罢，乳名可以不讲究，但长辈们总会郑重其事地替他们取一个既有深刻含义、又带满心期许的大名。

“黄泥陂水库”，昔日藏在深山无人识，如今小荷初露尖尖角。理所当然的，也便有了一个必将在未来屹立于世的大名：“熙和湾”。

给它命名的这位长者，不是别人，就是要在这片天生地养的水域和山林中描绘秀美画卷的“善绘者”，就是要在这片清新自在的湖光山色中打造出精巧艺术珍品的“善工者”—— 兴宁人曾云枢先生。

你不禁要问，曾先生给这片水域取的“熙和湾”这个大名，含有哪些深意？又带着怎样的期许？

——且待我领你到这片水域山林之中走马观花一番，或许，你自己就会有答案了。

车来人往的G205国道，行经永和镇路段，于锦洞村某处右拐，未几，遇有一桥，桥下便是梅河高速，车辆呼啸疾驰，连结兴宁与外界的往来交通，无远弗届，一片热闹景象。

甫一过桥，往前上得一个小坡，天地间便突然安静下来，国道两旁的人声鼎沸，高速路上的车轮噪音突然间消失无踪，代之以风拂松林、鸟鸣幽幽——你疑心此处定有一道时空转换之门吧，不然为何能在瞬间令人从俗世而至仙境？

还未来得及舒展筋骨伸个懒腰好好感受这寂静一刻，再往前几步，一片宽阔的水域便突然撞入眼帘，让你心为之微微一颤。

——平静如镜的水面，清晰地倒映着蓝天白云，忽如一阵春风，吹皱了湖面，一荡荡的波纹，让你的心也跟着起了涟漪。

——水域的岸，不见丝毫棱角，也不成规则，只如饱醮丹青的笔锋任意涂画，恰到好处地勾勒出或圆或椭、或长或窄的弧形来，锁住那一片水域。

如此自然不加染饰，再烦闷的心，面对这片水域，也会眉目舒展，喜从中来，不自觉地赞一声：好一处风水宝地！

沿水域岸边蜿蜒再往前，不觉间，过了一个山头，又转到了另一个山头，这些山头之间，各自成峦，却又彼此相连，一峰连着一峰；过了一片水域，又到了另一处水域，这些水域之间，各自成湖，却又连绵不断，一环接着一环。人在其中，只觉四周皆为山峦，满眼尽是翠绿；一呼一吸之间，空气中充足的负离子游走于四肢百骸之中，直到神经末梢，那种舒适慵懒的感觉简直无从形容。

既无法诉诸笔墨，就请亲身感受，好好的沉醉其中吧！

——那漫山遍野的沙田柚树，每到秋冬之季，一只只成熟的金柚把枝丫都坠得老低老低的，整个空气都弥漫着特有的淡淡芳香，清而不腻。

——几只白鹭悠闲地飞过湖面，不紧不慢，双翼尽展，似是翩然起舞，又如空中漫步，根本无视你的存在，自顾自的表演着。

熙和湾水域时有雀鸟掠过水面，又或有鱼自水底跃出，
而远山厚重、青天不言，一动一静之间，尽得和谐之妙。
（王导/摄）

——又或“噗”的一声，寂静突然打破，疑是平静的湖面突然跃起一条大鱼，你来不及看清，它又已经落入水中，只留给你一串串泡泡，一圈圈波纹。

…………

天地万物，在这水域山林中，都被生养得如此自在、活泼，一派与世无争、清明平和。

“问渠哪得清如许，为有源头活水来”——顺着最大的水域，绕过另一处水域，再绕过另外的几处水域……最后，水域终于收窄了，变成了一条小溪，顺着小溪往前，再往前，视野豁然开朗，远眺处分明有一峰耸峙，竟是兴宁古八景之一的鸡鸣山，原来这偌大的一片片水域，竟是发源于那古老的灵山之中！

难怪，处于这片水域山林之中，便如同有某种神奇的气场，让人无拘无束、尽享天然，让人过得滋润、安逸。

——这，就是我要向你描述的“熙和湾”的当下，如同一块通透晶莹未被雕琢的天然美玉，如同一张丝毫未经玷污的洁净白纸，静静地等待那“善工者”的绝妙一画，等待那“善绘者”的点睛一笔。

嗯，现在用不着我解释，你大概已领会“熙和湾”这个名字的由来了，你大概已由衷佩服“熙和湾”这个名字是如此的贴切而绝妙了——只要你曾经有那么一刻，沉醉在那片山林水域的天籁之中。

“熙”——此处既为郊野山水，却全然不觉落寞，万物竞逐其中，生机勃发其里，一派光明、兴盛、吉祥，正合“熙”之大意。

“和”——一字而两意，其一，此间水天相映，虫吟雀啾，最可喜是闹中得静，离繁华城区不过十来分钟，便可坐享林间清静水域，得心境之平和；其二，此处位于永和镇境内，取一“和”字，意在一脉传承，不忘根本也。

环水域的山头都种上了兴宁特产沙田柚，
得益于特殊的土壤和优美的生态环境，
熙和湾出品的沙田柚，蜜味清甜、奇香四溢，令人称道。
（王导／摄）

“湾”——水源自鸡鸣山而来，集诸细流而下，进而成溪，再而成小潭，再而成大湖，终成一环扣一环的碧波荡漾，虽不至于烟波浩渺，却是生生不尽，“湾”“湾”相连，“源”“源”不断。

“熙”、“和”、“湾”，用这三个字来命名，当真是点石成金，最是合适不过——既是对当下这片水域山林纯自然原生态特点的高度概括，又暗含对它将来建设成为一处集兴宁自然与人文的大成之作的满心期许：

“熙”熙攘攘、“和”谐共生、共享水“湾”。

于是，一片山水生态休闲渡假园区，一个客乡文化旅游产业园的大格局，便隐绰间可见了。

机缘巧合，我可能是最早接触到“熙和湾”整体规划的少数一批人之一，更加幸运的是得到“熙和湾”的掌舵人曾云枢先生的亲自介绍——在谈到“熙和湾”这片水域山林的时候，他如同一个慈父，向人说起自己的儿女一般，眉目中满是厚重的爱意。

究竟这6000多亩原生态的山林水域，在曾先生的心中，将要建设成一个什么样的格局呢？如何将这张雪白的画纸渲染成一幅传世佳作？如何将这块璞玉雕琢成一件稀有珍品？

曾先生毫不讳言他的宏图大略：在3-5年间，将“熙和湾”打造成既有自然景观、又具人文环境，以客家风情为主调的集生态、体育、旅游、休闲度假为一体的大型渡假园区，打造一个兴宁前所未有的荣耀之所。

面对这样一个庞大的系统工程，成竹在胸的曾先生自然可以纲举目张娓娓道来，我却自愧不能，勉为其难，也只能扼要地列举其中点滴：

——“熙和湾”将以客家花灯文化为中心，建设世界第一高的花灯建筑，世界

熙和湾以兴宁独有的赏灯节民俗文化为背景，将建设世界第一高的花灯建筑。登临花灯塔上俯瞰，风格各异的“百姓百灯百亭”组成的文化长廊点缀于山脉之间，远处有欧式风格的天鹅堡五星级酒店交相辉映，展现客家文化与其他民族文化的共融，也寓意着兴宁人开始纵览世界的全新视野。

（规划设计效果图）

第一个亭台博览园和世界第一大百姓文化博物园；乘兴宁市刚刚被命名为“中国花灯之乡”的东风，把兴宁独有的“赏灯节”民俗文化向全世界推广，并以此吸引包括本土、外地、境外的全球范围的兴宁籍人士，以及兴宁人的亲朋好友，回来寻根问祖，共赏花灯，延续兴宁人的文化传承，凝聚兴宁人的精神力量。

——“熙和湾”将建设一个有着鲜明的客家特色的新客居小镇，将客家元素淋漓尽致地集中展示：客乡文化广场，既是熙和湾迎送宾客的第一入口，也是客家传统节日的活动中心，又可成为兴宁人婚礼庆典的重要场所；客家美食街，将客家美食的精华悉数奉献，从原料、制作到品尝，让来访者体验客家菜系的独特魅力；客家文化影视基地，为客家影视节目提供制作场所，定期举办山歌节及民俗表演；世界客家名人馆，展示海内外各地的客家名人历史故事；客家特色主题酒店，每一处院落都体现不同的客家文化，既是旅店，又是一个宣传客家文化的博物馆……

——“熙和湾”将建设一个含高尔夫球训练比赛场、登山训练比赛场、山地自行车训练比赛场的三大主题体育训练基地；依托基地，每年举办高规格大规模的比赛活动，将广泛邀请港澳甚至全球的好手参与，力争逐步办成区域性有影响力的传统赛事，进一步增加兴宁的活力和软实力。

——“熙和湾”将建成兴宁第一个五星级度假酒店，欧陆风情的“天鹅堡”商务酒店，坐落在半山之间，景色秀丽，配套完善，满足高端会议、餐饮、商务的需求，吸引珠三角及更广区域的游客和商务人士前来兴宁。

——“熙和湾”入口，将直接连通梅河高速兴宁东出口，东接潮汕，西联穗深珠三角，实现交通无缝连接；并计划建立小型直升机场，连接高铁和机场，使之与外界沟通再无障碍。

——“熙和湾”将建成一批意大利风格的低密度庄园别墅，让兴宁人不出国门，在本地就能享受欧洲山地庄园的悠闲生活。

…………

上面这些项目，只是听起来都让人充满期待，但这也仅仅是我凭着记忆而写下的关于“熙和湾”规划中的其中一些亮点，在实际的开发建设中，又不知会有哪些更加绝妙和完美的项目，将在这片热土上次第展开，带来惊喜呢？

或许有人要说，“熙和湾”的当下很美，未来很大，但毕竟是一个尚处于建设之中的项目，还需要几年的时间，才能完整地展现在大家的面前，为何我在这个时候就开始极力推荐大做文章呢？

道理其实很简单。读者诸君，倘若多看几篇我的文章，便知道，凡是我的家乡有什么值得推荐之处，我都愿意用我的笔和镜头呈现给你，因为这是我的自豪和骄傲，也是同为兴宁人的你们的自豪和骄傲。

窥一斑可见全豹也。“熙和湾”，我敢断言，将注定在不久的将来，成为兴宁人目光聚集的焦点，成为兴宁的一个重要的地标，成为所有兴宁人心中的荣耀之所。

甚至，我可以作出更大胆一些的预言，“熙和湾”，就像那大洋彼岸扇动翅膀的蝴蝶，其带来的波澜效应，将改变兴宁的气质和格局，从这个意义来说，无论我倾注多少笔墨去记述它，都不过分。

——“熙和湾”，将全面提升兴宁的形象，成为兴宁聚拢人气之处。兴宁地处粤东北，坐拥良好的生态环境和秀美山水，长期以来却苦于没有一个足够档次和规模的大型度假园区，没有一个带着强烈的兴宁标签的去处，能让兴宁人豪情顿生、底气十足，能让外地人印象深刻、一见倾心。“熙和湾”的出现，将一改兴宁现状，既可让回乡的游子能踏踏实实地在兴宁多逗留些时日，更好地慰怀思乡之情，也将更多地吸引外地朋友前来兴宁游玩，从而带动和整合兴宁相对散落的人文文化和自然资源，形成一个整体，形象鲜明地推广出去，从而使兴宁有更多的机会向外部世界展示自己，赢取更多的目光关注和发展机会。

熙和湾的偌大水域，源于兴宁古八景之一的佛教圣地鸡鸣山，
园区将建成直通鸡鸣山风景区的公路，使之一脉相承，源远流长。
园区内亦将原址重建平安寺，
与鸡鸣山灵化寺遥相呼应，方便游客祈福偿愿，感受融通和畅。
（规划设计效果图）

熙和湾由新客居版块、文化旅游版块、休闲体育版块、生态度假版块组成，起点高、投资大，将变身成为兴宁前所未有的大型休闲生态园区，也将注定成为兴宁人为之自豪和骄傲的荣耀之所。

（规划设计效果图）

——“熙和湾”，将带给兴宁和兴宁人更大的自信心。“熙和湾”是兴宁近年来少有的一个大型投资项目，身为兴宁籍的曾先生敢于选择这个时机果断出手，就是认定了兴宁的发展前途不可限量，此举树立了一个榜样，也发出一个信号：投资兴宁大有可为。这必将吸引更多的在外乡贤，以及外地投资者重新审视兴宁，重新评估兴宁，加大在兴宁的投资；这也将反过来促使兴宁的各政府部门和机构提升效率，提高服务意识，从整体上提升兴宁的核心竞争力。

——“熙和湾”，将推动兴宁整个经济发展。这样一个综合性的大型项目，需要相关的上下游产业的配套，需要大量的服务业人力资源，同时，“熙和湾”建设的大规模和高标准，将成为兴宁的一个行业标杆，也将会带动兴宁各行各业的发展，从而使整个兴宁的经济更上一个台阶，也使兴宁的气质更加大气、从容、与时俱进。

“熙和湾”项目建设的未来几年里，必将是兴宁加速发展的黄金时期和战略机遇期。兴宁，必定会迎来新的格局。

兴宁，兴宁人，你准备好抓住这个机会了吗？你准备好了迎接崭新的变局了吗？

——这，就是我对“熙和湾”大张旗鼓浓墨重彩的初衷。

——与其说我是在憧憬熙和湾，不如说，我是在憧憬整个兴宁的未来。

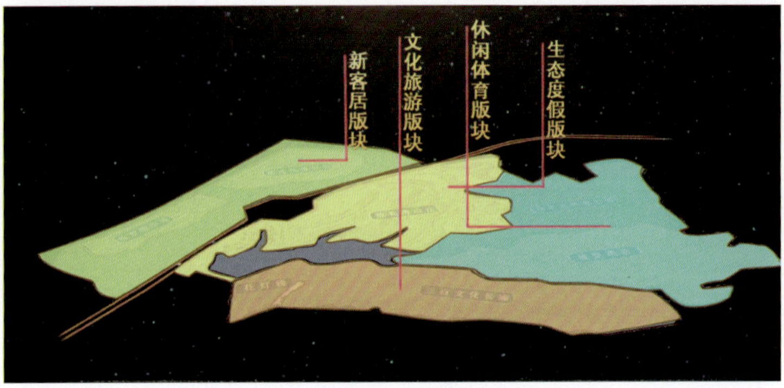

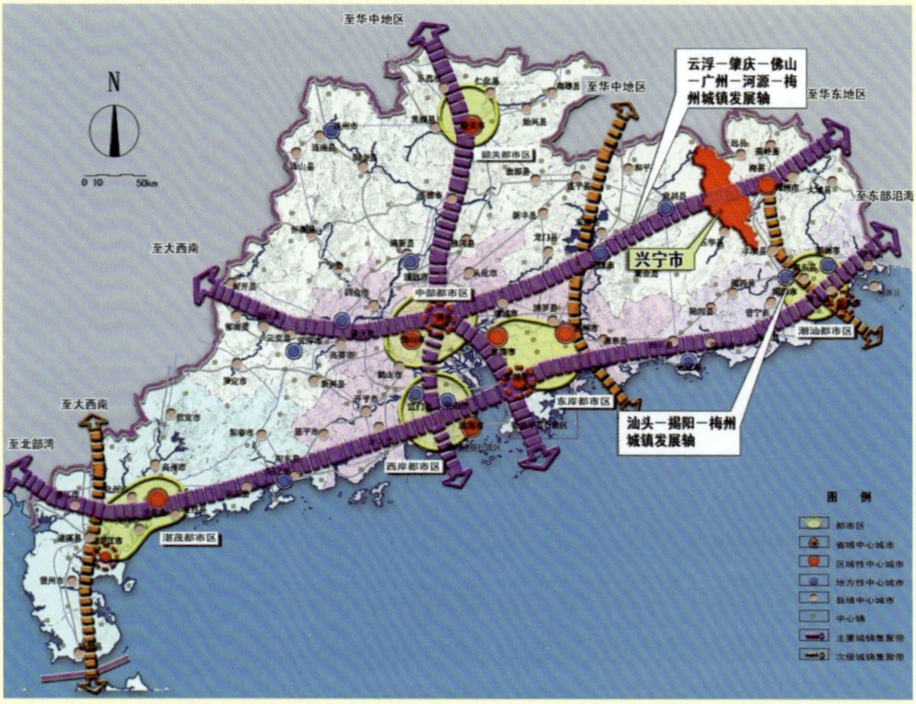

兴宁是珠三角地区联系闽赣两省的重要枢纽。
（兴宁市住房和城乡规划建设局供图）

我们的“兴宁梦”

这样的一座南部新城，不正是摆在我们面前的，可以让兴宁人共享人生出彩、梦想成真、让我们同兴宁和时代一起成长与进步的最大机会吗？

自 1776 年美国独立以来，世世代代的美国人都相信，只要通过努力不懈地奋斗便能获得更好的生活——这便是两百多年来一直激励着美国人创造人生价值的“美国梦”。

2012 年，中国人自信地向世界亮出了“中国梦”。中国的领导人这样阐述：“生活在我们伟大祖国和伟大时代的中国人民，共同享有人生出彩的机会，共同享有梦想成真的机会，共同享有同祖国和时代一起成长与进步的机会。”

生活在这样一个充满梦想和希望的时代，作为中国人，实在是一种幸福。而作为兴宁人，我们当然也应该有值得自豪和骄傲，值得我们去为之奋斗和付出的，属于自己的 “兴宁梦”。这个“兴宁梦”，其实就是“中国梦”在兴宁大地的具体落实和表现。

那么，在我们的“兴宁梦”里，人生出彩的机会在哪里？梦想成真的机会在哪里？一起成长与进步的机会在哪里？

我们的机会，当然离不开兴宁这片热土；我们的机会，当然离不开所有兴宁人的共同努力。确切地说，我们兴宁人目前最大的机会，就在那即将热火朝天地开始建设的兴宁南部新城。

可以这样说，南部新城，是兴宁实现跨越式发展的一个黄金机会！

地处广东省东北部的兴宁，是珠三角地区联系闽赣两省的重要枢纽。在经历了过去一段时间的平淡和沉寂之后，又迎来了新一轮的发展机遇：借助良好的交通区位条件，必将成为广东省承接珠三角产业转移的排头兵和核心节点之一。

随着兴宁的社会经济发展驶入快车道，现有中心城区的功能已不能更好地服务于未来的发展。于是，兴宁南部新城，乘东风而来，应运而生，在这样一个历史机遇下，被推上了兴宁建设发展规划的最前沿。

南部新城的规划建设，得益于中共兴宁市委、兴宁市人民政府认真贯彻落实中央、广东省和梅州市的决策部署，紧紧围绕“以人民群众满意为重要标尺、全力建设富庶美丽幸福梅州”的核心任务，加快推进新型城市化工作；南部新城的启动，

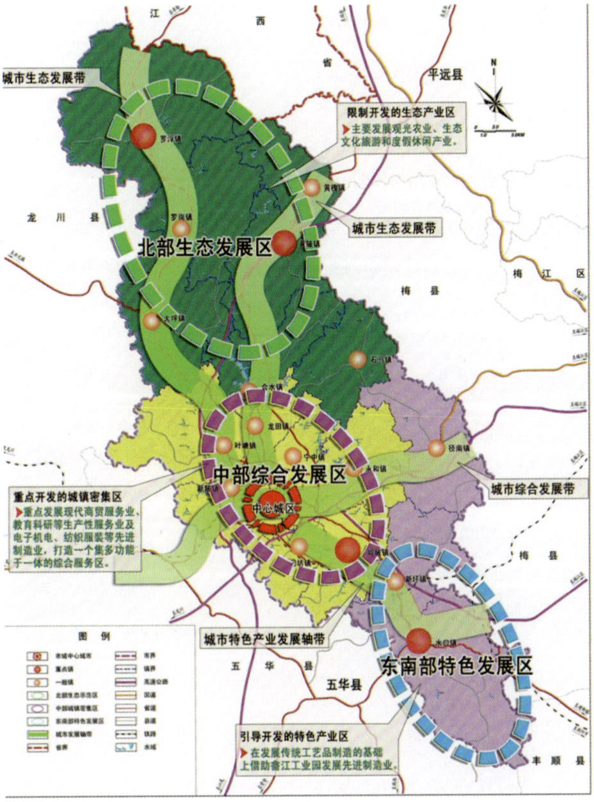

中部、北部、东南部三个规划发展区，
清晰地指明了兴宁未来发展思路和城市格局。
（兴宁市住房和城乡规划建设局供图）

南部新城的建成，
将使兴宁的城区由单中心结构发展成双中心结构，
实现“双心联动，轴带发展”。
（兴宁市住房和城乡规划建设局供图）

将成为推动兴宁未来十年社会经济发展的重量级引擎。

南部新城的建成，将使兴宁的城区由单中心结构发展成双中心结构，实现“双心联动，轴带发展”。通过建设新中心城区与老城联动发展，打造“碧水连江的生态之城、客乡古韵的文化之城、创新服务的活力之城、开敞舒展的宜居之城”，努力建设有特色、有个性、让人记得住的城市，实现城市跨越发展。

这样的一座南部新城，等于是再造了一个兴宁城，兴宁人期盼已久的发展奇迹将在自己家门口上演；这样的一座南部新城，必将给予兴宁和兴宁人更多的机遇，缔造无数的财富传奇；这样的一座南部新城，必将让兴宁的城市格局脱胎换骨，让我们有足够的理由去畅想兴宁的未来；这样的一座南部新城，不正是摆在我们面前的，可以让兴宁人共享人生出彩、梦想成真、让我们同兴宁和时代一起成长与进步的最大机会吗？

要怎么样向我的同乡和朋友们来介绍兴宁的南部新城，我曾经考虑了很久。这本书的整体基调，就是用尽可能轻松活泼的笔触去将兴宁的方方面面一一道来；但对于兴宁南部新城，我想暂时放弃那些浪漫的情绪和修饰的文字，我只想以最平实也最明晰的方式把南部新城的点滴细节介绍给大家——因为这是经过严谨论证的详细规划和城市设计，无需我再作多余的描述；因为每一个兴宁人都清楚南部新城的份量，无需我再作更多的渲染。

南部新城，对于兴宁人，对于兴宁的未来，都是如此的重要和关键。我想，我的同乡和朋友们，一定会对它的规划细节非常感兴趣，因为这当中，有着你我共同享有的出彩机会，谁抓住这个机会，谁便能和时代一起成长进步。接下来，我想引用《兴宁市南部新城控制性详细规划编制和城市设计》的章节，我知道，你们一定会用心地阅读：

南部新城为兴宁市人民大道以南范围（包含神光山风景区），总面积约为

36 平方公里，是兴宁未来发展的重点地区。南部新城建设通过承接老城疏解的行政职能，沿兴南大道和迎宾大道等城市生长轴形成行政文化中心片区和商贸物流片区，作为新城核心。通过锦绣大道和新城大道向双翼伸展，串接科教研发片区、旅游服务片区、滨江商住区、城东居住片区和神光山生态旅游片区，构筑“轴带生长，一核两翼”的城市格局。在新城“一核两翼”的空间结构上，规划通过行政文化中心区、商贸物流园、科教研发片区、客家文化园、农贸专业市场和神光山生态旅游园等重点项目推进新城建设。

行政文化中心区位于南部新城的中心位置，范围为西至兴南大道，东至文峰二路，南至宁江河，北至人民大道，总面积约为5平方公里。中心区设计遵循客家文化“天人合一”的主旨，按照客家建筑“中轴对称”的布局原则，围绕行政中心打造中央活力轴，西侧依托宁江形成宁江风情带，东侧以文峰塔为核心建设文峰公园。

南部新城西侧的科教研发片区重点打造兴宁教育基地和产学研一体化基地的建设，既是继承和发扬兴宁“崇文尚教”的传统，也是对市政府“教育强市”战略的落实。

沿神光山北入口的福兴大道打造客家文化园，继承并发扬客家文化。通过公共空间组织，串联旅游接待、餐饮娱乐、博物馆展示、精品酒店和特色居住等多种功能。

新城南部依托便利的交通优势打造商贸物流园，结合兴宁工艺品制造、机电、服装纺织、建材等行业较为突出的特点，布局展示交易、商贸物流和商务办公等，为兴宁商贸物流业发展提供空间载体，重塑辉煌。

在梅河高速东出口建设集各类农副产品批发零售、代理配送为一体的现代农贸专业市场，为兴宁特色农业发展提供支撑，也为南部新城的村民安置提供就业机会。

神光山生态旅游园主打“生态休闲”品牌，规划依托丰富的自然禀赋和人文底蕴，积极策划旅游项目，带动旅游地产开发，将神光山打造成“人文休闲胜地，绿色养心家园”。

…………

兴宁南部新城，
将打造一个以山水人文共融为特色的宜学、宜游、宜业、宜居的幸福新城。
（兴宁市住房和城乡规划建设局供图）

总而言之，南部新城，就是要打造一个以山水人文共融为特色的宜学、宜游、宜业、宜居的幸福新城，这就是我们目前最大的“兴宁梦”。

无数兴宁人的个人梦想，共同组成了这个“兴宁梦”，无数的“兴宁梦”、“梅州梦”、“广东梦”……组合在一起，就形成了实现中华民族伟大复兴的“中国梦”。

要论“中国梦”与“美国梦”的最大不同之处，就在于“中国梦”超越以个人成功为标准的“美国梦”，以个人成功与人们共同幸福为目标，凝结着中华民族的共同利益追求。

这不禁又让我想到那一句颇具哲理的对话：

“如何让一滴水永不干涸？”

“让它融入大海。”

这充满知慧的问答，我常常为之着迷，为之思索。

一个人是微不足道的，作为单一个体，即便再聪明，再有能力，如果不能将个人成功融入于整个社会的进步之中，也会如同一滴孤单的水珠，转瞬间就被蒸发得无影无踪，被时代遗忘得一干二净。

一个人又是不平凡的，无数普普通通的个体，如果能够聚合在一起，去共同实现一个美丽的梦想，去共同创造一个美好的未来，便会像那一滴滴汇入大海的水珠，永远不会干涸，永远闪耀着动人的光芒。

当面对兴宁南部新城的蓝图的时候，我们都明白，一个兴宁的崭新时代已经隐隐展现在我们的面前。中国的改革开放，让我们习惯了在那一片片荒郊野岭上蓦然出现的摩登大楼和灯火辉煌，让我们习惯了在那一处处偏僻渔村转瞬间发生的翻天覆地和风生水起。只是这一次是如此的不同，机遇终于再次降临到我们的兴宁，兴宁人从羡慕的旁观者，变成了参与其中的主角。那些曾经在其他地方无数次发生过的发展奇迹，即将在兴宁这片土地被复制、被重演，即将在兴宁这片土地被更有创造性也更加完美地呈现。

可以预计，南部新城所蕴含的巨大机会，将使很多投入到这场大变革大建设中的兴宁人得到直接的回报。更多的兴宁人，也许并不一定有机会亲身参与其中的建设，但是，南部新城的建设，将使兴宁的各行各业都受益匪浅，在此前提下，兴宁的社会经济水平会随之得到巨大的提升，这种整体性的进步和跨越式的发展，无疑会让兴宁变得更加富强，让每一个兴宁人都得到更好的福利，更好的生活环境，更好的生活品质。这些不用我多说，只要稍为有些头脑，都能分析得出来。所以，作为兴宁人的一分子，我们又怎么能缺席这样一个历史性的时刻？我们所要做的，是全民统一思想，是全力投入参与，是全情呐喊支持。

潮流浩荡，顺之则昌。当个人的努力和社会的发展结合在一起的时候，便会有很多的机会伴随在你左右，便会有很多的人给予你帮助。在这样的背景下，想要获取个人的成功，想要成就一件事情，也就变得事半功倍。而当每一个人都能达成自己梦想的时候，又反过来能成为促进整个社会前行的基础和动力——个人与社会，如同水珠与大海，水珠融入大海可以永不干涸，大海亦因无数水珠的聚集而更显博大深沉。

兴宁的南部新城，就是这样一个大的潮流，一个可以使兴宁高速发展昌盛繁荣的大潮流；兴宁的南部新城，就是这样一个大的时势，一个可以造就无数兴宁人成为大小英雄的时势。面对这样一个百年难逢的潮流和时势，所有的兴宁人，都应该有充分和清醒的认识，自觉地投身到这一场轰轰烈烈的建设之中，让个人的价值，融合在与兴宁这个城市的共同进步和成长之中。

…………

而我，会以我的笔，记录兴宁的南部新城；会以我的镜头，对焦兴宁的未来。

我，愿是那一滴融入大海的水珠。

兴宁南部新城行政文化中心区效果图。
（兴宁市住房和城乡规划建设局供图）

留有遗憾才最好
（代后记）

这本书，从萌生写作的念头到最终出版，足足用了33个月，效率可谓极其低下。

我是一个随性的人，事情能做到哪一步，就做到哪一步；暂时做不到的，也不强求。在这漫长的33个月里，其实整本书的基本架构在最初的3个月就已经完成，一直是断断续续地改，不紧不慢地完善，然后就是用大部分的时间在等待，等待瓜熟蒂落，等待因缘具足。

然后有一天，我忽然觉得这本书是时候跟大家见面了。好，那就赶紧的，便一改闲散作风，只争朝夕，很快就把出版的事落实了。即使文章还有诸多可修改的地方，即使配图尚留许多不尽如人意之处，但那个曾经喜欢追求完美的我，竟然可以做到对这些都视而不见：就这样吧，就让它不完美吧，留有遗憾才最好。

我是矛盾的，既随性，又固执。从一开始，我就执意要为我的家乡，写一本完全不受任何影响的，纯粹而率性的，有着最大独立性的文章。写什么，怎么写，都只遵从自己的意愿。我只想让我的笔尖欢畅地在纸上游走，我只让想我的手指自由地在键盘间跳动，我只想向世人呈现出我内心深处最真实的兴宁：不全是褒扬，也有批评。

因了我的初衷，也因了我的随性和固执，我并不期望这本书能得到什么赞誉。但几乎所有读到文章的人都不约而同地给予了肯定，黄浩老先生更为本书挥毫题写书名，这让我既意外又荣幸。事实上，我很清楚我的行文尚摆脱不了浅陋，我的思考也欠缺深度，人们之所以不吝惜给我赞扬，并不是我写得有多好，而是我着手写了，我为自己的家乡写了一本书，这是我自己想做的一件事，这也是家乡人希望看到有人去做的一件事，仅此而已。

在这本书的出版过程中，得到了太多兴宁人的帮助，我不一一致谢，但我会一一记住：兴宁之事，兴宁人共成之。

这本书没带丝毫的官方意志，但却得到了兴宁市委市政府及有关部门的大力协助。中共兴宁市委宣传部自始至终给予了极大的关注和支持，更难能可贵地让我的创作保持了最大的自由度；兴宁市旅游局提供了不少精美的照片，兴宁市摄影家协会为本书的配图进行了编辑和校对——这让我很欣慰。不需要刻意的安排，个人与社会、民间与官方就能形成共识，形成良性互动，大家的心愿只有一个：为了兴宁。

广东熙和实业有限公司和曾云枢先生对本书出版的鼎力襄助，让人感到温暖。在这样一个浮躁和功利的时代，我曾经一度以为没有人会对这样一个理想化的文化项目感兴趣，然而，曾先生的举措，让我深刻体会到，“以文为峰”的精神，始终镌刻在每一个有理想的兴宁人心中。

感谢我的父母和亲友们，他们是我写作的动力源泉。尤其感谢我的爱人谭颖，她不是兴宁人，但她给予了我最大的鼓励。

是的，这本书远不能说是完美的，但这样最好。因为，留有遗憾，会让我继续前行。

王 导

2013年6月于广州